Environment :
Contents of Early Childhood Care & Education

2006

DOBUNSHOIN

Printed in Japan

保育・教育ネオシリーズ 18

保育内容・環境

第三版

【監修】
岸井勇雄
無藤 隆
湯川秀樹

【編著】
横山文樹

同文書院

執筆者紹介 *authors*

【編著者】

横山文樹（よこやま・ふみき）／第1章
昭和女子大学教授

【著者】 ＊執筆順

師岡　章（もろおか・あきら）／第2章
白梅学園大学教授

寺田清美（てらだ・きよみ）／第3章
東京成徳短期大学教授

瀧川光治（たきがわ・こうじ）／第3章
大阪総合保育大学教授

原子はるみ（はらこ・はるみ）／第4章
函館短期大学教授

野口隆子（のぐち・たかこ）／第5章
東京家政大学准教授

掘越紀香（ほりこし・のりか）／第6章
国立教育政策研究所総括研究官

守隨　香（しゅずい・かおり）／第7章
共立女子大学教授

坪川紅美（つぼかわ・くみ）／第8章
聖隷クリストファー大学非常勤講師
国際協力機構青年海外協力隊事務局技術顧問（幼児教育）

Introduction
はじめに

　グローバル化に象徴されるように，現在の社会は従来の枠のなかでの安定にとどまることが許されず，市場原理にさらされる自由競争の時代を迎えている。このことは基本的には必要なことではあるが，厳しい現実を伴う。優勝劣敗という弱者に冷たい社会。短期的な結果や数字にあらわれる成果の偏重。基礎的な理念よりも人目を引くパフォーマンスの重視など——。

　これらは人間形成としての教育，とくに乳幼児を対象とする保育にとって，決して望ましい環境ではない。教育者・保育者は，すべての価値の根源である1人ひとりの人生を見通し，その時期にふさわしい援助をあたえる見識と実行力をもたなければならない。

　こうした観点から，本シリーズは，幼稚園教諭ならびに保育所保育士（一括して保育者と呼ぶことにする）の養成機関で学生の教育にあたっている第一線の研究者が，研究の成果と教育の経験にもとづいて書き下ろしたもので，養成校のテキストや資格試験の参考書として配慮したものである。

　各章の著者はそれぞれ研究と教育の自由を活用し，個性豊かに叙述したので，その記述に多少の軽重や重複が見られるかもしれない。無理な統一を敢えて避けたのは，テキストを絶対のものとは考えないからである。教科書を教えるのではなく，教科書で教える——といわれるように，あくまでもテキストは参考書である。担当教員は自ら大切と思う点を詳細に重点的に講義し，それだけでは偏る恐れがあるので，他のところもよく読んでおくようにと指示することができる。学生諸君も，読んでわからないところを教員に質問するなど，幅広く活用していただきたい。

　「幼稚園教育要領」と「保育所保育指針」は，近年いちじるしい深まりを見せている保育学および周辺諸科学とともに多くの実践の成果を結集したものである。その趣旨が十分に理解されてよりよい現実をもたらすにはさらに少なからぬ努力と時間を要すると思われるが，本シリーズが，この重大な時期を迎えているわが国の保育・幼児教育の世界と保育者養成のために，ささやかな貢献ができれば，これに過ぎる喜びはない。

初版 監修者・編著者代表　岸井勇雄

無藤　隆

柴崎正行

改訂にあたって

　2017（平成29）年3月に「幼稚園教育要領」の改訂が告示され，同時に「保育所保育指針」「幼保連携型認定こども園教育・保育要領」の改定（改訂）が告示されました。

　これまでの幼稚園教育，保育所保育の基本理念は踏襲されましたが，より現代の子どもを取り巻く環境に配慮された内容になっています。「幼稚園教育要領」改訂の特徴としては，「協同性を育てること」「経験の多様性と体験の関連性の重視」「幼稚園と小学校の連携」「教育課程外活動の教育活動へ変更」があげられます。一方，「保育所保育指針」の改定の流れの大きな特徴は，前回改定時から「局長が示した『通知』が，厚生労働大臣による『告示』となった」ことです。それにより，拘束力，制約力が強くなり，法的性格をもつことになりました。もうひとつの特徴は，「創意工夫のための大綱化」ということです。全国の保育所がそれぞれの場で対応できるように重要な要素だけを取り出して，大枠の基本的なことを整理しています。

　さて，こうした「幼稚園教育要領」「幼保連携型認定こども園教育・保育要領」の改訂・「保育所保育指針」の改定の中で，領域「環境」に関しては，これまでの「ねらい」「内容」「内容の取扱い」において，いくつかの修正がみられます。「幼稚園教育要領」において，「内容の取扱い」の（1）の項目で，「他の幼児の考えなどに触れて新しい考えを生み出す喜びや楽しさを味わい，自分の考えをよりよいものにしようとする気持ちが育つようにすること」とされ，子ども自身が自分で考えることの重要さを示しています。また，新たに（4）として「文化や伝統に親しむ際には，正月や節句など我が国の伝統的な行事，国歌，唱歌，わらべうたや我が国の伝統的な遊びに親しんだり，異なる文化に触れる活動に親しんだりすることを通じて，社会とのつながりの意識や国際理解の意識の芽生えなどが養われるようにすること」という文章が加えられました。

　ある社会学者は現代の子どもの特徴を「表現力がない」「活動量が少ない」「人間が嫌い」と表現しています。こうした背景には，少子化の進行，都市化による遊び場の減少，IT化・情報化の進行など，社会環境の大きな変化の影響があり，こうしたことが，子どもの逸脱行動，非行や犯罪の低年齢化を招いているといわれています。「子どもの危機」と呼ばれる社会状況の中で，幼稚園，保育所，認定こども園といった，幼児公教育施設の果たすべき役割はますます大きなものとなってきています。それにともない，保育現場へのニーズが多様になり，幼稚園，保育所，認定こども園では，

そうしたものに対する取り組みが求められています。当然領域「環境」にも，これからの21世紀に生きる子どもへの願いが込められていると思います。

　本書の改訂にあたっては，前回と同様，理論的なことは大事にしながらも，「事例を通して学ぶ」「事例を通して語る」ことにはこだわりをもって取り組み，実践に即して，環境を通して発達する子どもの姿などについて解説しています。法律の改正に対応した表現はもちろん，写真に関しても吟味，整理して掲載しています。全体の章の構成に関しては従来のまま，第1章は，領域「環境」の意義について，第2,3,4章は「子どもの発達と環境」という視点から，「自然環境」「園の環境」が子どもの発達にどのような意義があるのかについて述べています。第5,6章では，「人的環境」「物的環境」の役割について具体的に述べています。第7章では，子どもの知的好奇心・興味・関心を育てる環境について，具体的な事例をもとに解説しています。第8章では，新しい時代に向かって，これからの幼児教育の課題を示し，どのような環境が子どもの発達にとって重要なのかについて述べています。各章1名ないし2名が担当して執筆させていただきました。各章，各節の関連性，内容の整合性，用語の統一などに関しては，編者が責任をもって行いました。

　本書が，これから幼児教育をめざす人たちにとって，また，今，実践の場にいる方にとって，子どもにとっての「環境」を考える上での一助になればと願っております。

2018年1月

編著者　横山文樹

編者まえがき
Foreword

　本書は，現在現職として保育に携わっている方，保育者をめざしている学生の方，その他，幅広く乳幼児教育に関心を持っていらっしゃる方々にぜひご一読いただきたくまとめたものです。

　平成元年（1989年）に幼稚園教育要領が改訂され，その時，領域「環境」という言葉が，とても「新鮮」であり「漠然」としたもので，かつインパクトのあるものでした。幼稚園教育の目標である「環境による教育」との関連も考えさせられました。それから，20年近く経て，領域「環境」はどのくらい，子どもの発達の側面を見る窓として浸透してきたのでしょうか。保育現場では，今，改めて領域「環境」をどのように受け止めて，実践しているのかを問い直す時がきているのではないかと思います。

　記憶が確かであれば，1970年代ころから，マスコミや書店では「環境破壊」「地球汚染」等の言葉が溢れ，人類の未来を心配する活字を多く見るようになりました。地球温暖化を始めとする，自然現象の異常化など，身をもって経験することによって，ようやく，人類が環境を破壊してきたことの罪深さを感じているのではないかと思います。「環境」という言葉が教育の世界に浸透してきた背景には，現在の子どもを取り巻く社会状況の急速な変化が起因しています。既に，多くの場で語り尽くされていることですが，都市化現象による遊び場の消失，少子化による人とのかかわりの希薄化など，子どもの発達という点から見ると子どもを取り巻く環境は必ずしも好ましい方向に向かっているとは言えないのではないかと思います。そうした状況下では，必然的に幼稚園・保育所を始めとする保育現場に対する期待が大きくなります。

　こうした点を踏まえ，本書では，「事例を通して学ぶ」「事例を通して語る」ことを目標として，幼稚園教育要領・保育所保育指針の領域「環境」に込められている意図を理解したうえで，実践に即して，環境を通して育つ子どもの姿，環境とのかかわりを通して子どもの内面に何が育つかを解説しています。

　1章では領域「環境」の意義を明らかに。2章，3章，4章では，「子どもの発達と環境」という視点から，「環境」そのものが子どもの発達にとって，どのような意義があるのか，「自然環境」「園の環境」が発達にどのような影響を及ぼしているのかについて。5章，6章は，具体的に「人的環境」「物的環境」の役割について。7章では具体的に子どもの好奇心・興味・関心を育てる環境について。8章ではこれからの幼児教育の課題について，それぞれ各章1名ないし2名で執筆していただきました。各章ごとの整合性や内容の調節等に関しては編者が責任をもって行いました。

本書が，子どものための「最善の利益」のために，ほんの末端にでも寄与できればと思っております。
　最後になりましたが，同文書院の平井良成さんには，内容の検討を初め，大変にお世話になりました。感謝申し上げます。

　　2006年1月

　　　　　　　　　　　　　　　　　　　　　　　　　　編著者　横山文樹

目次

Contents

はじめに　i
改訂にあたって　ii
編者まえがき　iv

第1章　領域「環境」の意義　1
1. 現代の子どもの現状と幼稚園教育の課題　1
2. 社会の変化と「幼稚園教育要領」　3
3. 「環境」による教育の意義　5
4. 領域の意義と領域「環境」の考え方　11
5. 「ねらい」と「内容」について　12
   コラム　認定こども園　20

第2章　子どもの発達と環境　25
1. 保育と環境　25
2. 子どもの遊びと環境のかかわり　31
3. 個の発達・集団の発達と保育者の役割　37

第3章　子どもの発達と自然環境　45
1. 自然環境へのかかわりを通して育つもの　45
2. 「出会い」そして「感じる」環境としての自然環境　52
3. 季節感を感じる保育の展開　55
4. 飼育・栽培の意義・目的　61

第4章　子どもの発達と園の環境　67
1. 子どもの主体的な生活と環境　67
2. 環境による教育の実践　69
3. 園内環境の構成と課題　77

第5章　人的環境としての友だち・保育者の役割　89
1. 乳幼児期の子どもと保育者のかかわり　89
2. 子どもにとっての友だち　95
3. 人的環境と子どもの育ち　99

第6章　子どもの発達と物的環境の役割　105
1. 物的環境の意義　105
2. 人的環境と物的環境との関係　110
3. 園具・教具の意義　117
4. 安全教育と災害への備え　130

第7章　好奇心，興味，関心を育てる環境　133
1. 文字への関心を育てる　133
2. 園生活の中の数量概念と遊び　137
3. 地域の伝統文化に親しむ　140

第8章　これからの幼児教育と課題　145
1. 子どもの発達の特徴と領域「環境」の重要性　145
2. 科学性の芽生え（知的発達）を促す環境　146
3. 科学性の芽生え（知的発達）を促す援助の視点　152
4. 環境から見た幼児教育の今日的課題　156

巻末資料　160
索　引　168

第1章 領域「環境」の意義

〈学習のポイント〉　①保育現場において環境が重視される社会的背景について考えてみましょう。
②子どもが「環境とかかわる」ことの意味と意義について学びましょう。
③領域「環境」と「環境を通して行う教育」の関係について学びましょう。
④自然環境を生かした保育について，人的環境，物的環境との関連で考えましょう。
⑤「領域」の意義を学校教育の「教科」との違いから学びましょう。

　中世以降の近代国家において，子どもの発達は先天的条件（遺伝）と後天的条件（環境）のどちらで決まるのか，という論争があった。これがすなわち，「氏か育ちか」という論争である。しかし，こうした論争も近代国家においては，人間として生まれてきたからには人間的環境で育てられなければ，人間に見られる特徴や能力は，身につかない。人間としての素質を生かすためには，後天的条件を準備することが必要であるとする意見が大勢を占めるようになった。つまり，人間の成長・発達にとっては，環境という後天的条件が重要であると考えられるようになった。したがって，生後間もなくから乳幼児期まで，その環境からどのような影響を受けたのか，環境とどうかかわってきたのか，環境とのかかわりからなにを学び，なにを身につけたのかということが，人間として生きていくうえできわめて重要であるという考えが一般的で主流となっている。幼稚園教育，保育所保育も「環境による教育」が重視されるのは当然である。この章では，社会的背景から領域「環境」の意義を考える。

1. 現代の子どもの現状と幼稚園教育の課題

　現行の「幼稚園教育要領（以下「教育要領」とする）」では，幼稚園教育の基本として「環境を通して行う教育」が示されている。なぜ，現代の教育では「環境による教育」が強調されるのか，そうしたことの社会的背景は，どこにあるのだろうか。
　現代の環境教育の重要さを示すものとして，教育要領（2017〈平成29〉年3月）の前文には，「幼児の自発的な活動としての遊びを生み出すために必要な環境を整え，一人一人の資質・能力を育んでいくことは，教職員をはじめとする幼稚園関係者はもとより，家庭や地域の人々も含め，様々な立場から幼児や幼稚園に関

わる全ての大人に期待される役割である。」と示され，総則においても「教師は，幼児の主体的な活動が確保されるよう幼児一人一人の行動の理解と予想に基づき，**計画的に環境を構成しなければならない。この場合において，教師は，幼児と人やものとの関わりが重要であることを踏まえ，教材を工夫し，物的・空間的環境を構成しなければならない。**」と述べている。「保育所保育指針（以下「保育指針」とする）」では「**子どもが自発的・意欲的に関われるような環境を構成し，子どもの主体的な活動や子ども相互の関わりを大切にすること。特に，乳幼児期にふさわしい体験が得られるように，生活や遊びを通して総合的に保育すること。**」（1 保育所保育に関する基本原則（3）保育の方法）と述べられている。「幼保連携型認定こども園教育・保育要領（以下「教育・保育要領」とする）」においては「環境を通して行う教育及び保育の活動の充実を図るため，幼保連携型認定こども園における教育及び保育の環境の構成に当たっては，乳幼児期の特性及び保護者や地域の実態を踏まえ，次の事項に留意すること。」とし，3つの点から示している。そこには，近年の少子化[*]・都市化によって，幼児が生活する周囲では「遊ぶ友だち」「遊ぶ場所」が減少していることを表し，保育現場[**]が，「遊ぶ」「人とかかわる」ことのできる環境を整えることが重要であることを示している。子どもにとって，環境とは，素材・時間・空間など周囲の取り巻くものすべてを差している。

　現代の子どもの現状として，小田[***]は「ここ数年，乳幼児期を含めた子どもの育ちの「変化」が盛んに指摘されている。たとえば，保育所や幼稚園に入園してくる子どもたちのなかに他人と手をつなぐことを嫌う子がみられたり，ある小学校では，入学したばかりの子どものなかにみんなと一緒に給食が食べられない子どもがいて苦労したと聞く。」と述べている。また，「子どもを取り巻く環境を見渡せば自然の消失，遊び場の衰退，子どもの仲間の減少というのも現実であろう」と指摘している。門脇[****]は「最近の研究や関係者の観察によると，初語を発する時期が遅れ気味であると報告されることが多くなっている」と指摘したうえで，「初語が発せられる時期が多少遅れる程度ならば異変というには当たらない。しかし，幼児が発する初語が，人間である大人の口から発せられた言葉ではなく，テレビ発の言葉になっているとなるとやはり異変が起きていると言わざるをえない」と述べている。このように，各方面から語られる「現代の子どもの状況」「現代の子どもの課題」は，子どもの「心の育ち」の問題として取り上げられることが多い。では，なぜ，こうした子どもが「増えている」「顕在化」するようになったのか。その要因として，環境の急速な変化が指摘されている。つまり，現代の子どもを取り巻く環境の特徴は「少子・高齢化」「都市化」「情報化」「国際化」であり，同時に，最近の子どもを取り巻く環境は，自然の減少，環境ホル

---

[*]少子化傾向の目安として，合計特殊出生率（TFR : total fertility rate —— 厚生労働省人口動態統計における指標。1人の女性が一生の間に生む子どもの数の目安として用いる）の低下がよく引き合いに出される。また，出生数は，出産適齢期（15～49歳までの女性）の人数により変化するが，合計特殊出生率は，適齢期の人数に左右されることなく出生の状態を観察できる。1989（平成元）年のいわゆる1.57ショックが有名だが，2004（平成16）年には，1.29までに低下。2016（平成28）年は，1.44である。

[**]本書で使用している「保育現場」という表現は，幼稚園，保育所，認定こども園等を指す。

[***]小田豊『保育・教職実践演習』光生館，2013を参照。

[****]門脇厚司『子どもの社会力』岩波新書，1999を参照。

モンや大気汚染，交通事故死や自殺，虐待など子どもの心身の成長を脅かす状況が増えている。

こうした社会的な環境の変化が，保護者の育児能力の低下を招いているという指摘もある。昭和50年代における「子どもの抱える問題」としては「不慮の事故」「情緒面の不適応」「各種成人病発生の若年齢化」が取り上げられ，「切れる子ども」「集中力がなく，話が聞けない子ども」はそれほど大きな問題として取り上げられることはなかった。しかし，昭和50年代後半から精神科医，心理臨床家，心身科医の存在が大きくクローズアップされ，このころからしだいに心の問題が語られはじめている。

したがって，子どもが事件，問題を起こした場合，多くの場合「現代の子どもの変容」とひとくくりにする傾向があるが，それはむしろ社会の変化，環境の変化が子育てに影響を与え，子どもの発達に影響を与えていると考えるべきではないか。

2. 社会の変化と「幼稚園教育要領」

2017年，文部科学省告示の教育要領は，1989（平成元）年の教育要領の基本的な原理を踏襲したものである。1989年の改訂は，1964（昭和39）年の教育要領改訂から25年を経ているが，この間，子どもを取り巻く社会状況には大きな変化があった。

第1は，急速な核家族化，少子化，都市化の進行である。都市化の影響は子どもから遊び場を奪い，少子化は自然発生的な友だちとの集い，群れを拡散させた。第2に，衣・食・住の生活様式の変化である。とくに，「孤食*」「朝食抜き」などの「食の問題」は，幼稚園・保育所・認定こども園等から小学校まで含めて，子どもの心身の発達との関連で注目されるべき問題になっている。第3に，子ども産業の増加である。幼児教室や塾などの教育産業ばかりでなく，子どもを相手にする産業が増え，過多な情報のもとで，迷い・悩む保護者も多い。第4に就園率の増加である。1965（昭和40）年の就園率**は41.3パーセントで，2016（平成28）年では48.8パーセントである。厚生労働省の資料によると，平成27年度，5歳児の保育所への就園率は46%である。この数字から，保育所や認定こども園等に入園・入所している子どもを含めると小学校入学前にほぼ100%に近い子どもが幼児施設を経験している**。第5に，乳児から幼児までの子どもの研究の進歩である。小児医学をはじめ，心理学の分野でも，乳幼児研究が急速に進んだ。これにより，子どもを身体の面と精神の面との両方から多角的にみることが可能

*「こしょく」には，以下の9つが考えられる。「孤食」「個食」「固食」「小食」「粉食」「濃食」「子食」「戸食」「虚食」など。それぞれの特徴を考える必要がある（参考：柳井保健センター）。

**幼稚園就園率の変化
1948（昭和23）年
　7.3パーセント
1964（昭和39）年
　38.9パーセント
1979（昭和54）年
　64.4パーセント
文部科学省「学校基本調査」より
【参考】
保育所利用率（3歳以上児）の変化
1965（昭和40）年
　41.3%
2008（平成20）年
　41.8%
2016（平成28）年
　47.0%
（厚生労働省調べ）

になってきたのである。このことは，広く社会一般に乳幼児教育の重要さを知らせるという意味にもつながっている。生涯学習の位置づけとその出発点に乳幼児教育を位置づけることができるようになったのである。

　現在の「幼稚園教育要領」は，幼児の発達特性に基づいて組み立てられている。これは，学校教育法第22条の「幼稚園は，義務教育及びその後の教育の基礎を培うものとして，幼児を保育し，幼児の健やかな成長のために適当な環境を与えて，その心身の発達を助長することを目的とする。」ということを具体化したものである。つまり，幼稚園教育の目的は，「教える」ということではなく，幼児の発達課題を踏まえて，幼児の「やりたい」と思うことを十分に経験させることが大事であると示したものといえる。

　小学校以上の学校教育と幼稚園教育とを比較すると，前者は，学問分野の系統性に基づいて組み立てられているのに対して，後者は発達をその中核においていることが特徴として挙げられる。さらに，この教育要領では「幼児期にふさわしい生活が展開されるようにすること」「遊びを通しての総合的指導が行われるようにすること」「一人一人の特性に応じた指導が行われるようにすること」を重視することと明記されている。このことを中沢は「乳幼児の教育とは，子ども本来の生活を保障することであり，その中で子どもが自発的に意欲をもって行動できるように環境を整えることである」としている。つまり，幼稚園は子どもが自発的に遊ぶ場であり，そのために，保育者は子どもの遊び・生活を支えるための環境を整える必要があることが示されている。

　2017年は，教育要領の改訂と同時に，保育指針，教育・保育要領も改定（改訂）して示された。保育指針は，1965年の策定以後，3回の改定が行われてきた。前回の改定では，「養護と教育を一体化して行う保育所の役割の明確化（幼児教育の積極化），小学校との連携，保護者支援（入所している子どもの保護者に対して），保育の質の向上」が明記された。今回の改定では，「保育所における幼児教育の位置づけ」を前回の改定よりさらに積極化させている。保育の内容については，「第2章　保育の内容」において，前回の改定との相違がみられる。前回は，「子どもの発達」を0歳から6歳までの8段階に分け，それぞれ，「おおむね◯歳」と表記し，それぞれの月齢での成長の概要を記載している。さらに，その後に，5領域についての記載があり，乳幼児，3歳未満，3歳以上の3年齢区分における保育に関する配慮事項が記されていた。今回の改定では，発達段階を乳児保育，1歳以上3歳未満，3歳以上に分け，5領域にのっとった保育内容を記載している。最近のこども園化の進行に伴い，改定の内容が，より幼稚園教育に準ずる傾向が強くなっている。現在，幼稚園であれ，保育所であれ，どちらかに通っている就学前の5歳児は100パーセント近い。幼稚園では，地域の要望で保育終了

後の託児を引き受けている場合もある。なお，教育・保育要領には，「第2章 ねらい及び内容並びに配慮事項」のなかで「ねらい」について，「幼保連携型認定こども園の教育及び保育において育みたい資質・能力を園児の生活する姿から捉えたものであり，内容は，ねらいを達成するために指導する事項である」と述べている。

3.「環境」による教育の意義

1 環境の理解と環境による教育の意義

　子どもは環境の影響を受けながら発達し，学習していくものである。つまり，幼児期の子どもたちは，日々環境から刺激を受け，自分から環境にかかわろうとすることによって，生活しているのである。今ある文化を理解し，それを維持する能力や発展させる智恵は，環境からの後天的学習から得ることが大きい。環境から刺激を受け，環境にかかわって発達するのは精神だけではなく，身体の発達にも，環境条件が影響を与えている。「環境を通して行う教育」の場合の「環境」とは，子どもを取り巻くものすべてを指すことはすでに述べてきた。空気・雰囲気，あるいは，地球規模の環境まで含めているといってもいいであろう。

　これに対して，領域「環境」は「身近な環境とかかわる力の育ち」という発達の側面をみる領域である。つまり，子どもの身近にあって，かかわりをもつ「環境」を指している。「かかわりをもつ」という視点から環境をとらえると，子どもがその環境にかかわることによって，初めて環境としての意味をもつことになる。かかわる主体が変われば，その環境の意味も変わるということがいえる。したがって，園の環境の構成は主体となる子どもを中心に組み立てられている。卒園児が何年ぶりかで園を訪問し，たとえば黒板を見たときに「こんなに低かったか」と言い，遊戯室に入ると「こんな狭いところで遊んでいたのか」，水飲み場を見ると「こんなに低いと腰が痛くなりそう」と言う。このように一般の家庭では，大人が生活をすることを基準に住居はつくられているが，園の設備は，子どもが生活しやすいように，子どもの大きさに合わせてつくられている。もし，水道の蛇口が一般家庭と同じ高さにあるとすると，外で汗をかいて，水を飲みたいと思ったとき，背が届かなくなる。その場合，水を飲むことを諦めるか，保育者を呼びに行くか，台を持ってくるかなどするだろう。いずれにしても，そこで，子どもの活動が途切れることになる。このように，子ども中心，子ども主体の環境を整えるということは，子どもの生活がスムーズにいくようにするということである。それが，すなわち，子どもの主体的な生活を保障することになる。子

もが主体的に環境にかかわることによって、「場所」は遊ぶための「場」に変わっていく。

▲どこでも遊ぶ「場」になる

▲ままごとコーナーは自分で運んでくる

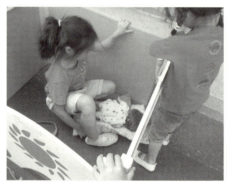
▲場をつくって、自分の世界に

▲こんなに仲間が集まってきた

2 自然環境を生かした保育の実際—東京都H幼稚園の実践から

　幼児は自分から環境とかかわりあい、直接的・具体的な体験をすることによって、さまざまな力を身につけたり、さまざまな事柄を学んだりしていく。それを援助すること、すなわち発達しようとする子どもの側面から援助するのが保育という行為である。発達するのは幼児自身であり、それを助ける環境を用意することが保育者の役目である。幼児期にふさわしい生活とは、直接的な体験を通して発達に必要な経験を積み重ねていく生活である。子どもにとって、「幼稚園で生活する」ことや「幼稚園で環境とかかわる」ことが、成長・発達にとってきわめて重要な要因となる。

　園の環境は、大きく、物的環境、人的環境、自然環境の3つに分けることができる。この3つの環境の中で、自然環境はとくに、感動や驚きを子どもに与え、感性を刺激するものである。都市化が進んで「自然がない」といわれる中で、「今ある環境を生かす」という視点から、園内の環境を見直す必要がある。

ここに紹介するH幼稚園の園庭は子どもが十分に活動できるスペースがない。夏にプールを設置すると、砂場の遊びをはじめ、その他の遊びのすべてが不可能になる。小学校の併設園のため、学校の授業のないときに限ってグラウンドを使用できる。テラスのスペースも十分とはいえないという環境条件の中で、自然を生かしながら、「意欲ある子ども」「好奇心、探究心のある子ども」の育成を目指しているのである。

　「意欲的に遊ぶ幼児の育成―自然とのかかわりを通して―」の実践の一部を以下に紹介する。

[どんぐりを利用しての遊び]
①どんぐりの感触

　9月のある1日。お父さんも、お母さんも参加して、4歳児、5歳児全員で、近くの公園に「どんぐり拾い」に出かけた。たくさん拾ってきたどんぐりは、各クラスに集められ、はじめは拾ってきたどんぐりの感触を確かめる。そのとき、心の中には、どんぐり拾いの光景が浮かんでいるのかもしれない。

②笛をつくる

　どんぐりの実をくり抜いて、笛をつくることになった。はじめは先生が、千枚通しを利用して、中をくり抜いてつくってみせたが、子どもたちも、コンクリートにどんぐりをこすりつけてから中をくり抜くなどの工夫が見られるようになった。できあがった笛を吹くのにも工夫が見られた。

③どんぐりの道をつくる

　どんぐりをころころ転がしているうちに,「どんぐりの道」をつくって, 上から転がしてみたくなったようだ。トイレットペーパーの芯を利用して,「長い道」をつくった。

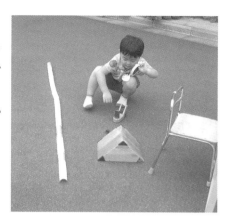

④上から転がす

　椅子や積み木を利用して傾斜をつくってどんぐりを転がしてみた。最初は1個ずつだったのが, 一度にたくさんのどんぐりを転がしてみたり, 角度を変えたり, 受け皿を考えたり, 子どもなりの工夫が見られた。

⑤どんぐりのごちそう

　どんぐりを使ったままごと遊びがはじまった。どんぐりは, 時にはご飯になり, 時にはスパゲッティになる。フライパンで炒めるまねをしていた。

[**自然を生かして，好奇心，探究心を育てる**]

⑥たんけん　こみち

　園庭からテラスに続く道を「たんけん　こみち」と名づけた。途中にはプランターにナスが植えてあり，トマトがあり，スイカをつくったこともある。もちろん，子どもたちの大好きな虫もたくさんいる。敷石をはがして，いろいろな虫を見つける。

⑦たんけん　びんご

　園内にある，葉や実を見つけると，シールがもらえる。

　縦，横，ななめに3つ揃えると「びんご」であることを知らせる。

※季節によって，「びんご」の内容も変わる。

⑧子どもは真剣

　園内のあちらこちらを歩きながら，「びんご」に書いてある，種，葉，実などを見つけていく。

⑨ お茶をつくる

葉を搾ると、緑色の露が出てきた。ペットボトルの水と混ぜて、「緑茶だよ」と見せてくれた。真剣に水を入れ、草を搾り、実験中の科学者のよう。

以上、「自然を生かす」「自然とかかわる」という視点からの実践例を紹介した。自然環境ということを中心にしても、人的環境としての保育者のかかわり、友だちからの刺激がある。ペットボトルであったり、フライパンであったり、物的環境とのかかわりもある。このように、大別された3つの環境はそれぞれ関連しあっていることがわかる。また、「自然を生かす」のは保育者の意識の問題である。いくら、広い自然があっても、そこに保育者の意識がいかなければ、ただの草むらになる可能性がある。逆に、どんなに狭い場所でも、工夫によって、生きた環境となりうるのである。このように、環境は保育者の意識に左右されるところが大きいのである。

ところで、幼稚園での子どもたちの生活の中心にあるのは、「自発活動としての遊び」である。つまり、子どもにとって「環境とかかわる」ことの意味を考えることは、「遊びにとっての環境」を考えることである。子どもの生活のすべてである遊びを展開する中で子どもがその環境にかかわることによって、身近な環境としての意味をもつことになる。つまり、子どもが遊びの中で周囲の環境に対して、思いのままにさまざまな方法でかかわることは、子どもがその環境に意味を発見し、かかわり方を見つけていくということである。保育者は、子どもたちの遊びが発展していくように、年齢・子どもの発達・遊びの流れ・遊びの見通しなどを理解したうえで、かかわることが重要である。

また、保育者の役割として、子どもたちが遊びに取り入れたいと思ったものをあらかじめ用意しておく。そのために、保育者は、日々の子どもたちの遊びを観察し、事前に準備しておくことが求められる。子どもの遊びが停滞しているときには、ものを提示し遊びを展開させるという、「ものを通しての援助」の方法もある。また、子どもたちがものを制限されることなく、自由に選択できる環境を用意することが、子どもの発達のためにも必要である。

幼児期の認識や思考方法は直観的である。日常の生活体験のうち、自分にとってより親しみやすい出来事や物事を手がかりとする。さらに、身近な事物や具体

物，とくに生き物や自然の素材などとかかわりあい，好奇心や探究心を満足させていく。このように，幼児期に多くのことで，「感動する」という体験が後の発達に大きな影響を与えることになる。

4. 領域の意義と領域「環境」の考え方

1 領域とはなにか－保育内容との関連から

領域とは，幼児の発達の全体像を分析的に見る視点，あるいは発達を側面から見る窓であるといわれている。

保育内容との関連で詳しく述べると次のようになる。保育内容とは，保育の基本を具体化したものである。つまり，「保育現場で子どもの保育を行うにあたり，望ましい人間形成という保育の目標を達成するために展開される生活のすべての内容」，具体的には，「子どもたちが豊かな園生活を展開していくために，自分たちで取り組む経験や活動であると同時に，保育者が人間としての発達にぜひとも必要であると組み立てていく活動」である。こうした，保育内容を構造的に，組織的にとらえるために，内容として列挙された項目を整理し，類似した項目をまとめたものが領域である。この領域は，幼児の発達の側面から「健康」「人間関係」「環境」「言葉」「表現」という5つが示された。

小学校以上の学校教育では，各教科に分かれ，教科別に指導を受けるという形態がとられ，幼稚園教育の領域もその影響を受けて，領域を教科のように指導する傾向がみられる時期もあった。しかし，幼児教育はその特質において，生活を中心に，環境を通して行われるものであり，学校教育とはおのずと目的・方法が違ってくるのである。

領域という言葉が，初めて用いられたのは，1956（昭和31）年の「幼稚園教育要領」である。1948（昭和23）年発行の「保育要領」では，保育内容12項目の「楽しい経験」として網羅している。このため，保育内容を組織的に区分することが必要になった。そこで，1956年の教育要領では，幼稚園でよく行われる活動の類似性から，「健康」「自然」「社会」「言語」「絵画製作」「音楽リズム」という6領域を設けた。小学校以上の教育とは違うとされながらも，小学校の教科名と似ているために，領域ごとに保育時間を区切るなどの弊害もみられ，混乱が生じた。1964（昭和39）年の改訂では，こうした，教科との誤解を避けるために，領域の性格を示した。教育要領に示された事項は，保育内容を見通したり，見直したりするものである，と説明された。こうした経過を経て，1989（平成元）年の改訂では，6領域を5領域にし，領域の概念を「幼児の発達を見る視点」と

して示した。このことは，1998（平成10）年，2008（平成20）年，2018（平成30）年の改訂においても踏襲された。

2　5領域の相互関係

5つの領域は，基本的には，3つの系統からなる。「健康な心身の発達」「環境との相互作用」「感性と表現」である。健康な心身の発達は幼児の生活のすべての基本となる。心身が健康でなければ，なにごとも始まらないのは当然である。

これに対して「環境」は，広く全体の領域にかかわるものとして，独立した領域とした。「環境を通して行う教育」と示されている「環境」という概念より，領域「環境」は個別・具体的である。人的環境も環境の中に含まれるものである。

では，なぜ，「人間関係」が独立した領域として設置されたのか。これは最近の人間関係の希薄さが問題とされていることとも関連する。人間関係，広い意味での社会性の発達は，子どもにとってとくに重要なものであるという視点である。このことから，「人間関係」が1つの領域としておかれた。

「言葉」は表現の一部であるとともに，内言としての人間の思考，意志，判断の手段となる。乳幼児期はとくに広い意味で言葉を獲得する時期であることに，重点をおく視点が示された。

「表現」は人間が感じ取ったものを内面化し，外部に表す行動である。領域「表現」は美術・音楽などの技術指導や形式にこだわらず，感性と内面の成長を助ける視点を重んじた領域である。

このように5つの領域は幼児の生活全体を見る視点として，互いに密接に関係をもつことがわかる。

5.「ねらい」と「内容」について

1　「ねらい」と「内容」とはなにか

教育要領，保育指針，教育・保育要領に示されている「ねらい」と「内容」についての考えを確認する。「ねらい」とは，入園から園修了までに育つことが期待される「心情」「意欲」「態度」のことである。「内容」とは，「ねらい」を達成するために指導する具体的な事項である。保育指針では新たに，「第1章　総則　4　幼児教育を行う施設として共有すべき事項」で，「幼児期の終わりまでに育ってほしい姿」として，3つの「資質・能力」と10個の目指す，具体的な姿が示されている。領域ごとに，「ねらい」が3項目，「内容」が6～13項目，「内容の取扱い」が3～6項目示されている。すでに述べてきたように，幼稚園教育で

は「環境による教育」を基本としながら、「幼児期にふさわしい生活が展開されるようにすること」「遊びを通しての総合的指導が行われるようにすること」「一人一人の特性に応じた指導が行われるようにすること」である。

誤解してはいけないのは、小学校以上で教育目標として示されている事項が、それを達成することを前提としている到達目標であるのに対して、教育要領、保育指針、教育・保育要領で示している「ねらい」とは、修了までに「育っていなければならない」という、あくまでも育つことが期待される方向目標だということである。子どもの発達をある時点で、立ち止まってみるときの育ちの「視点」と考えることができる。

各領域の「ねらい」は、育つことが期待される「心情」「意欲」「態度」であり、「内容」は「ねらい」の方向に向かって、子どもがどのような経験をしたらよいのか、保育者はどのような環境を用意し、かつ具体的に援助するのかを考える手がかりとなるものである。

しかし、ここに示された、「ねらい」「内容」は、一般化され、簡略化され、抽象化されたものであるから、保育者は、子どもの現在の発達の状態を考慮しながら、具体的な「ねらい」「内容」を組織する必要がある。

5つの領域の相互関係については先述したが、「ねらい」と「内容」も、同様にばらばらに存在するものではない。保育現場において、保育が実際に展開されるとき、領域ごとの「ねらい」は、子どもがさまざまな体験を積み重ねる中で相互に関連をもちながらしだいに達成されるものである。また「内容」に関しては、具体的な活動を通して総合的に経験されるよう指導・援助する必要がある。

保育指針および教育・保育要領では、3歳児以上は教育要領の内容に準じている。

2 具体的な「ねらい」と内容について

保育者の中には、「保育は現場でするものだ」「抽象的、一般的過ぎだ」ととらえる保育者がいる。一方で、教育要領や保育指針、教育・保育要領の用語を咀嚼、解釈することなく、自分のクラスの指導案にそのままの言葉で記載してしまう場合がある。

先の2つの発言に関しては、実際に今、触れ合っている子どもの状況、とくに発達の状況を把握するための手立て、目安として、最低限、各領域の「ねらい」を把握しておく必要がある。指導計画を立てる時点で、教育要領、保育指針、教育・保育要領に示されている「ねらい」「内容」が、それぞれの子どもの生活の中でどのように関連していくかを考えなければならない。そのうえで、園の実情、子どもの実態に即した具体的な「ねらい」「内容」を組織していくことになる。

後者については,「幼稚園教育要領」「保育所保育指針」「教育・保育要領」に示された「ねらい」や「内容」はあくまでも基準として示されたものである。したがって,各園の教育課程,保育計画を作成・編成する際に,そのままの文言を使用すべきではない。各園では,「幼稚園教育要領」「保育所保育指針」「教育・保育要領」に示された「ねらい」「内容」の事項をよく理解したうえで,クラスの指導計画,教育課程の編成を行わなければならない。

【引用・参考文献】
厚生労働省『保育所保育指針』(告示) 2017
文部科学省『幼稚園教育要領』(告示) 2017
内閣府・文部科学省・厚生労働省『幼保連携型認定こども園教育・保育要領』(告示) 2017
岸井勇雄・小林龍雄・高城義太郎・栃尾勇雄編『環境』チャイルド本社, 1991
岡田正章他編『現代保育用語辞典』フレーベル館, 1997
柴崎正行・田中泰行編『新・保育講座9:保育内容「環境」』ミネルヴァ書房, 2001
中沢和子・小川博久編著『保育内容「環境」』建帛社, 1989
中沢和子『子どもと環境』萌文書林, 1990
小田豊・湯川秀樹編著『保育内容環境』北大路書房, 2003
中沢和子・丸山良平『保育内容 環境の探究』相川書房, 1998

※写真提供　東京都墨田区立曳船幼稚園（撮影　横山文樹）
※実践の紹介　東京都墨田区立曳船幼稚園

資料1－1　自然との

	4月	5月	6月	7月	8月
ねらい	○幼稚園や先生に親しみをもち喜んで登園する ○自分の好きな場や遊具を見つけて安定して過ごす		○いろいろな遊びに関心をもち自分なりにやってみようとする ○学級の友達と一緒に動いたり，遊んだりする楽しさを知る		
内容	・春の自然に親しむ ・日差しや風の心地よさを感じ取る ・身近な動植物や虫などに興味をもち，かかわろうとする ・身近な動植物を見たり触れたりして安定感や親しみをもつ ・砂や水の感触を楽しみ安定する		・いろいろな虫がいることがわかり見つけたり触れたりして親しむ ・雨に関心をもつ ・夏の自然を感じ取る ・いろいろな水遊びを通し水に親しみ心地よさを感じる ・身近な草花に触れたり遊びに使ったりする ・種まき苗植えに興味をもち土に親しむ ・種や苗の世話を教師と一緒に行う ・自分が植えた植物の変化に気づく ・苗や種の世話をすると成長することがわかる ・植物の成長に気づいたり収穫を楽しみにしたりしながら世話をするようになる		
植物・栽培物	○園庭の草花 ・マーガレット ・マリーゴールド ・菜の花 ・ペチュニア	○アサガオ，フウセンカズラの種植え ○ミニトマトの苗植	・ミニトマト収穫 ○親子で稲の苗植え・世話をする ○年長児から夏野菜をごちそうになる		・夏休み中は持ち帰る ＊親子で育てる楽し
虫・生き物	○ウサギ ○ザリガニ ○ダンゴ虫，あり ○蝶（モンシロ・あげはなど）	・見たり触れたりして遊ぶ	○カタツムリ ○ミミズ	・脱皮などの成長のようすや動きのおもしろさを見る	
自然事象	○春を感じる ○感触や開放感を楽しみ安定する ・砂場で砂の感触を楽しむなど		○身近な自然現象を具体的に感じ取れるように ・風を楽しむ（くるくる三角づくり，シャボン玉，スティックリボン） ・雨を楽しむ（傘を差して園庭散歩，雨の日の虫見つけ） ・水を楽しむ（ビニール袋，透明カップ樋，プール遊びなど）		
園外での取り組み		5月　親子遠足（21世紀の森と広場） ○親子でネイチャーゲームを楽しむ ○公園を散策し春の自然に親しむ （サクランボ，タンポポなどに触れ春探しをする） ＊虫を呼び寄せる環境づくり（ゲームで見つけた枝を集め園庭に置き虫の住み家として活用する）	6月　K中央公園 ○園内を散歩し初夏の自然に親しむ （サクランボ，シロツメグサなどで遊んだり，自分たちで枝を集めたりする） ＊「枝・サクランボを見つけてこよう」など目的をもたせる ＊集めた枝は壁面に活用する		プラネタリウム ○星に興味をもつ ↓ ＊折り紙で星をつくって遊ぶ ＊七夕の活動へとつなげる

＊親子で自然に触れる活動を計画的に取り入れ，保護者の自然への関心を高めていく。
　（親子遠足でのネイチャーゲーム，稲の苗植え，収穫物を親子で食べる。）
＊年長児が動植物の準備，世話，収穫しているようすを見せる機会を設け，関心をもたせたり来年への意識につなげたりする。
＊夏休み・冬休み中はミニトマトやチューリップは家庭で育てるよう協力いただき，親子で育てる楽しさが味わえるようにする。

かかわり年間計画（4歳児）

（墨田区立H幼稚園）

	9月	10月	11月	12月	1月	2月	3月
	○遊びの中で自分なりの動きを出したり友達とのかかわりを楽しんだりする ○学級全体の活動に喜んで参加し自分なりの力を発揮する			○気の合う友達の中で思ったことや考えたことを出し合い，一緒に遊びを進めていこうとする ○年長児になる期待をもち学級の友達とのかかわりを感じながら園生活をすすめる			
	・秋の自然に親しむ ・木の実や虫を見つけたり，触れたりして遊ぶ ・見つけてきた物を遊びに使ったり園で飼ったりする	・身近な動植物に興味をもち，よく見たり変化に気づいたりする ・種取りを楽しんだり，いろいろな形の種があることに気づいたりする	・球根植えに興味をもち行う ・米や芋の収穫を喜ぶ ・収穫物を皆で食べ，育てる喜びを味わう	・冬の自然に親しむ ・空気や水の冷たさを感じる ・吐く息の白さに気づく ・園庭の霜や氷に触れて遊ぶ ・木の葉の変化に気づく ・落ち葉を拾ったり遊びや製作に使ったりする ・虫が少なくなることに気づく ・空の青さ，雲の形のおもしろさを感じる		・飼育栽培物に親しみをもち接したり世話をしたりする ・春の訪れを感じる ・球根の成長に気づく	
	・色水遊び　・種取り（5歳児になったら種を植える） （フウセンカズラ，アサガオ，オシロイバナ，黄花コスモスなど） ・片づけ さが味わえるようにする		○球根植え （チューリップ，ヒヤシンス，クロッカス） ・収穫　　・脱穀　　・会食 （籾殻は肥料として使う） ○年長児が園内で栽培したサツマイモの収穫を見る。ツルで遊ぶ	○木の実や落ち葉を使ってリースをつくる ・成長のようす		・開花 （飾る，香りを楽しむ）	
	○トンボ ○バッタ・コオロギ ○蝉の抜け殻見つけ		○虫がだんだんいなくなる				
	○秋を感じる ・自然物に触れ遊ぶ ・落ち葉，紅葉など			○冬を感じる ・水の冷たさを感じる ・氷，霜などで遊ぶ		○春の訪れを感じる ・つぼみがふくれる ・球根の芽が伸びる	
	9月　H公園			10月　芋掘り遠足		2月　A自然公園	
	○秋の自然に親しむ ○木の実を拾い楽しむ ○虫を見つけたり捕まえたりする ↓ ＊拾う数を知らせ目的をもたせる ＊バッタ，コオロギは園で飼う ＊木の実は遊びや製作に使う			○土に親しみ収穫の喜びを味わう ○いろいろな形の芋やツルに触れ楽しむ ↓ ＊芋版遊び・芋をつくったり描いたりする		○春の訪れを感じながらお別れ遠足を楽しむ	

資料1−2　自然との

	4月	5月	6月	7月	8月	
ねらい	○年長児になった喜びと自覚をもち，園生活を楽しむ ○自分の目的に向かって，試したり，工夫したりして遊ぶ ○友達とのつながりを深めたり，広めたりしながら，自分たちの遊びをすすめる					
内容	・飼育物や栽培物など，身近な自然に触れたり，かかわったりする ・自然の変化や成長に興味，関心をもつ ・自然物を使って遊ぶ ・飼育栽培物の世話に気づき，自分でできることをやろうとする ・春の自然を感じ，冬から春への変化に気づく	・友達と一緒に苗や種まきを行い，興味をもって育てる ・園庭の自然に興味をもち，かかわる ・風，気温など目には見えない自然の事象を感じる		・春から夏への季節の変化を感じる ・水に触れる心地よさを感じ，水遊びを楽しむ ・栽培物の収穫を楽しみにする		
植物・栽培物	○遊びに取り入れる 　マリーゴールド 　菜の花 　マーガレット ・雑草 ○生長，変化を感じる ・チューリップ球根 　掘り起こし ・ジャガイモ	○生長に関心をもち， 収穫を楽しみにする ・おくら ・トマト ・ピーマン ・カボチャ ・スイカ ・キュウリ ・ナス ・ピーナッツ ・ポップコーン ・サツマイモ ・びわ		○収穫を楽しみにして世話をし，ごはんのできる過程 　土づくり　　代掻き 　　　　　　田植え ○夏野菜を収穫し，食べる ・トマト ・ピーマン ・キュウリ ・ナス ・スイカ ・かぼちゃ		
虫・生き物	○年長児としての自覚を促す ・飼育栽培当番活動（ウサギ，ハムスター，インコ，金魚） 　　○身近な生物に愛着や関心をもってかかわる 　　　・ダンゴムシ　　・カタツムリ 　　　・アリ 　　　　　　○身近な生物の理解を深める 　　　　　　　・カイコ 　　　　　　　・幼虫→さなぎ→アゲハチョウ 　　　　　　　・幼虫→さなぎ→カブトムシ 　　　　　　　・ザリガニの脱皮					
自然事象	○自分なりに目的をもつ ・泥だんご		○季節の変化を感じる　○夏の自然への関心を高める 　・梅雨　　　　　　　　　・水遊び，プール 　・雨の散歩 　・雨だれ集め ○初夏の自然を感じる 　・風　　・空 　・日差し　・衣替え ○試したり工夫したりして遊ぶおもしろさを感じる 　・色水遊び　・シャボン玉			
園外での取り組み	5月　親子遠足（21世紀の森と広場） ○親子でネイチャーゲームを楽しむ ○公園を散策し，春の生き物や，公園内の環境に気づく ※ゲームで見つけた枝を集め，園庭に置き，虫の住み家として活用する ※園内でできるネイチャーゲームを子どもだけで楽しむ		6月　K中央公園 ○園内を散策し，生息している生物や草花に目を向け，幼稚園との違いを知る（サクランボや園庭にいない虫を探すなど，目的をもって散策する） ※集めたサクランボを色水遊びに使う		プラネタリウム ○月や星，伝統行事の七夕に興味をもつ ※星や，七夕飾りをつくる ※OHPを使ってプラネタリウムを再現する	

かかわり年間計画（5歳児）

(墨田区立H幼稚園)

	9月	10月	11月	12月	1月	2月	3月
	○友達と一緒に力を合わせ，意欲的に遊びや活動をすすめる ○友達と遊ぶ中で，自己発揮したり，認め合ったりしながらつながりを深める				○グループや学級の友達と共通の目的をもち，協力して遊びをすすめていく（発展させていく） ○互いのよさを生かし合いながら，自覚と自信をもって幼稚園生活をすすめていく		
	・植物を見て，その意外性に興味をもつ ・秋の自然に親しみ，美しさを感じる ・収穫の喜びを味わい，生長のしかたを理解する ・落ち葉や木の実などをごっこ遊びや製作に工夫し取り入れる ・命の大切さがわかり，すすんで親しみをもってかかわる ・樹木が季節によって美しく変化することに気づく ・収穫したものをみんなで料理し，楽しく会食する				・自然の変化，美しさ，不思議さに気づき，とらえたことや感じたことを友達と伝え合ったり，調べたりする ・自然の変化に伴い，食べ物や衣服や生活のしかたなど変化していることがわかる ・地域や家庭の伝統的な行事に関心をもち，季節や生活の変化に気づく ・動植物や自然現象に関心をもち，考えたり試したりしながら自然を遊びの中に取り入れていく ・疑問に思ったことを本で調べ，新たな発見をする ・動植物とのかかわりを通して特性がわかり，大切に扱う		
	を知る 　　　　　　稲刈り　　脱穀　　おにぎりパーティー スズメ除け　　籾殻取り ○収穫 ・ポップコーン ・サツマイモ ・ピーナッツ	○秋の自然を感じる ・どんぐり拾い ・紅葉 ・落ち葉 ○自然物に興味をもったり理解を深めたりする ・球根（ヒヤシンス，水仙）		○秋，初冬の自然物を使って ・リースづくり （サツマイモのつる，柊，松ぼっくり，どんぐり）		○春の訪れ感じる ・球根（水仙，ヒヤシンス） ・花の開花	
	○遊びに取り入れる ・オシロイバナ ・キバナコスモス ・洋種山ゴボウ						
	○秋の訪れを感じる ・トンボ ・コオロギ ・バッタ ・虫の鳴き声 ・セミの抜け殻		○冬眠する生き物がいることを知る			○冬眠から覚めた生き物に気づく ・アリ	
	○秋を感じる ・気温の変化 ・プール納め ・雨だれ集め				○冬の自然への関心を高める ・霜柱 ・雪遊び ・氷 ・気温 ・風（たこあげ）	○春の訪れを感じる ・気温の変化 ・日差し	

9月　H公園	10月　芋掘り遠足	2月　A自然公園
○秋の自然に親しむ ○木の実拾いや虫を見つけたり捕まえたりすることを楽しむ ※虫は，園に連れてきて飼う ※木の実は，遊びや製作（クリスマスリースづくり）に使う	○土に親しみ，収穫の喜びを味わう ○量，重さ，大きさなどに気づく ○虫を見つけたり捕まえたりする ※おにぎりパーティーのときに芋を料理して食べる	○春の訪れを感じながら自分たちの成長を喜び合う

コラム 認定こども園

1 認定こども園とは

　認定こども園とは，少子化の進行や家庭・地域を取り巻く環境の変化で多様化する保護者や地域のニーズに応えるために，「認定こども園法*」(2006〈平成18〉年法律第77号)などの諸法令によって，2006（平成18）年10月に創設されました。

　また，①就学前の子どもが，保護者が働いている，いないにかかわらず幼児教育・保育を一体的に提供する機能，②すべての子育て家庭を対象に，子育てに不安をもつ保護者に相談活動や親子の集いの場を提供するなど，子育て支援を行う機能をもっています。

　認定こども園の普及促進で次に挙げることが可能になり，効果が期待されました。

①保護者の就労の有無にかかわらず施設の利用が可能になる
②適切な規模の子どもの集団を保ち，子どもの育ちの場を確保できる
③既存の幼稚園の活用により待機児童が解消する
④育児不安の大きい専業主婦家庭への支援を含む地域子育て支援が充実，など

　なお，認定こども園には，①幼保連携型，②幼稚園型，③保育所型，④地方裁量型の4つの型があります（表1参照）。

*就学前の子どもに関する教育，保育等の総合的な提供の推進に関する法律（平成18年法律第77号）のこと。

表1　認定こども園の4つの型

	幼保連携型 認定こども園	幼稚園型 認定こども園	保育所型 認定こども園	地方裁量型 認定こども園
型の内容	幼稚園と保育所の両方の機能を備え，ひとつの施設として運営しているタイプ	保育が必要な子どものために保育時間を提供するなど，保育所的な機能をもつタイプ	保育が必要な子ども以外の子どもも受け入れるなど，幼稚園的な機能を備えるタイプ	幼稚園・保育所いずれの認可もない地域の教育・保育施設が，認定こども園として必要な機能をもつタイプ
法的性格	学校かつ児童福祉施設	学校 （幼稚園＋保育所機能）	児童福祉施設 （保育所＋幼稚園機能）	幼稚園機能 ＋保育所機能
保育者の要件	保育教諭** （幼稚園教諭＋保育士資格）	満3歳以上：両免許・資格の併有が望ましいがいずれでも可 満3歳未満：保育士資格	満3歳以上：両免許・資格の併有が望ましいがいずれでも可*** 満3歳未満：保育士資格	満3歳以上：両免許・資格の併有が望ましいがいずれでも可 満3歳未満：保育士資格

**認定こども園法の一部改正では，施行後5年間は「幼稚園教諭免許状」または「保育士資格」のいずれかを有していれば，「保育教諭」となることができるとする経過措置を設けている。
***教育相当時間以外の保育に従事する場合は，保育士資格が必要。
資料）内閣府・文部科学省・厚生労働省「子ども・子育て支援新制度ハンドブック（施設・事業者向け）平成27年7月改訂版」，文部科学省，厚生労働省，幼保連携推進室2015，内閣府　子ども・子育て本部のホームページを一部改変

2　認定こども園を取り巻く現状

　認定こども園制度がスタートしてから10年が経過し，時代とともに子育てにおけるさまざまな問題点が浮き上がってきました。それらを解決するために新たな「子ども・子育て支援新制度」が2014（平成26）年から開始されました。

　この「子ども・子育て支援新制度」とは，2012（平成24）年8月に成立した「子ども・子育て支援法[*]」「認定こども園法の一部改正[**]」「関係法律の整備法[***]」の子ども・子育て関連3法に基づく制度のことです。

　制度の主なポイントは，①認定こども園制度の改善（幼保連携型認定こども園の改善など），②待機児童の解消，③地域の実情に応じた子ども・子育て支援などが挙げられます。

　また，「子ども・子育て支援新制度」の一環として，内閣府・文部科学省・厚生労働省は，「幼保連携型認定こども園教育・保育要領」（2014〈平成26〉年4月30日）を告示しました。

　策定にあたっては，認定こども園法の一部改正第10条に基づき，①幼稚園教育要領及び保育所保育指針との整合性の確保すること，②小学校教育との円滑な接続に配慮すること，③幼保連携型認定こども園としてとくに配慮すべき事項の明示することの3点を踏まえました。

[*]平成24年法律第65号
[**]「就学前の子どもに関する教育,保育等の総合的な提供の推進に関する法律の一部を改正する法律」（平成24年法律第66号）のこと。
[***]「子ども・子育て支援法及び就学前の子どもに関する教育,保育等の総合的な提供の推進に関する法律の一部を改正する法律の施行に伴う関係法律の整備等に関する法律」（平成24年法律第67号）のこと。

3　認定こども園の認定の基準

(1) 幼保連携型認定こども園以外の認定こども園

　幼保連携型認定こども園以外の認定こども園の認定基準は，設置する都道府県の条例で定める要件を満たす場合，その都道府県知事から認定を受けることができます（「認定こども園法の一部改正」第3条（2012〈平成24〉年法律第66号）。

　都道府県の条例で定める要件は，次に挙げる基準を参考にして定めるものとされています。なお，施設の設備や運営についても同様です。

　①幼稚園の場合，幼稚園教育要領によってつくられた教育課程に基づく教育を行うこと
　②保育所の場合，保育を必要とする子どもに保育を行うこと
　③子育て支援事業は，保護者から申し込まれた場合，適切に提供できる環境のなかで，教育・保育を行うこと

(2) 幼保連携型認定こども園

　幼保連携型認定こども園における認可基準の主な考え方は次の通りです。

> ・学校および児童福祉施設の双方の位置づけを有する"単一の施設"として，幼保連携型認定こども園にふさわしい「単一の基準」とする。
> ・既存施設（幼稚園，保育所）からの円滑な移行のため，「設備」に関する基準については，一定の移行特例を設ける。

・新制度施行前に認定を受けていた幼保連携型認定こども園については，施行日の前日までに別段の申出をしない限り，新しい幼保連携型認定こども園としてのみなし認可を受けることとなり，「設備等」については，従前の基準を適用する。

出典）子ども・子育て支援新制度ハンドブック（施設・事業者向け）平成27年7月改訂版より

次からは，Q＆Aの形で「認定こども園」について，深く考えてみることにしましょう。

Q1　新たな幼保連携型認定こども園では，どのような資格が必要ですか？

認定こども園法の改正で，新たな幼保連携型認定こども園は，学校教育と保育を一体化した施設となりました。そのため，原則として「幼稚園教諭免許状」と「保育士資格」の両方の免許・資格を有することが必要です。そして，両方の免許・資格を有しているものを「保育教諭*」と呼びます。

＊表1の「＊＊」を参照

Q2　誰でも認定こども園を利用できますか？

保護者が働いているいないにかかわらず，就学前の子ども（0～5歳）であれば，誰でも利用することができます。ただし，「子ども・子育て支援新制度」では，入園に際して，子どもについて3つの認定区分があります（表2参照）。

Q3　入園の選考の方法は？

認定こども園にも定員があります。利用希望者が定員を超える場合の入園の選考は以下の通りです。

①1号認定（表2参照）

抽選や先着順，設置者の建学の精神・理念に基づく選考など，公正な方法で，事前に保護者に選考基準を明らかにして園が行います。

②2・3号認定（表2参照）

保育の必要性の程度，家族などの状況から判断し「保育を受ける必要性が高い」と認められる支給認定の子どもが優先的に利用できるように，市町村が利用調整を行います。

表2 子どもの3つの認定区分

区　分	年　齢	保育の必要性*	時　間	施　設
教育標準時間（1号）認定	満3歳以上	なし	教育標準時間	幼稚園 認定こども園
保育（2号）認定	満3歳以上	あり	保育短時間 保育標準時間	保育所 認定こども園
保育（3号）認定	満3歳未満	あり	保育短時間 保育標準時間	保育所 認定こども園 小規模保育等

＊保育の必要性の主な事由　①就労，②妊娠，出産，③保護者の疾病，障害，④同居または長期入院等している親族の介護・看護，⑤災害復旧，⑥求職活動，⑦就学，⑧虐待やDVのおそれがあること，⑨育児休業取得時に，すでに保育を利用していること，⑩その他，上記に類する状態として市町村が認める場合
資料）内閣府・文部科学省・厚生労働省「子ども・子育て支援新制度ハンドブック（施設・事業者向け）平成27年7月改訂版」より一部改変

【参考文献】
・榎沢良彦（監修）『「幼保連携型認定こども園教育・保育要領」ってなあに？』同文書院，2015
・内閣府・文部科学省・厚生労働省『子ども・子育て支援新制度ハンドブック施設・事業者向け（平成27年7月改訂版），2015
・内閣府・文部科学省・厚生労働省『子ども・子育て支援新制度なるほどBOOK』（平成27年10月改訂版），2015
・内閣府・文部科学省・厚生労働省『「幼保連携型認定こども園教育・保育要領，幼稚園教育要領及び保育所保育指針の中央説明会」資料』2017年7月
・厚生労働省『保育所保育指針』（告示）2017
・文部科学省『幼稚園教育要領』（告示）2017
・内閣府・文部科学省・厚生労働省『幼保連携型認定こども園教育・保育要領』（告示）2017
・文部科学省・厚生労働省幼保連携推進室，内閣府子ども・子育て本部『認定こども園』ホームページ

第2章 子どもの発達と環境

〈学習のポイント〉　①保育において，環境がもつ意味また重要性を，幼児期の発達特性を踏まえて理解しましょう。
②さまざまな環境が子どもの発達に与える影響について，遊びを中心に考えてみましょう。
③個と集団が育つうえで，人的環境としての保育者が果たすべき役割について，自分なりに考えてみましょう。

　子どもは成長・発達していく過程において，環境からどのような影響を受けるのであろうか。また，環境は子どもが成長・発達するうえでどのような役割を果たしているのであろうか。本章では，こうした子どもの発達と環境の関係について，「幼稚園教育要領（以下「教育要領」とする）」「保育所保育指針（以下「保育指針」とする）」「幼保連携型認定こども園教育・保育要領（以下「教育・保育要領」とする）」を手がかりに概観してみる。また，遊びを中心にした園生活において，個と集団がどのように育つのか。さらに，それを支える人的環境としての保育者に求められる役割についても，原則的な部分を整理してみる。次章以降で展開される各論の前提部分を考えるということになろう。

　なお，本章で取り上げる子ども期は，教育要領，保育指針，教育・保育要領に示されている領域「環境」が主に3歳以上児を対象としていることを踏まえ，幼児期とする。

1. 保育と環境

■1 保育において「環境」が意味するものとは

　1989（平成元）年の教育要領の改訂以来，保育において「環境」という言葉が注目されるようになった。しかし，そのとらえ方となると，いまだ保育現場において共通理解が得られているとは言いがたい状況がある。つまり，同じく「環境」という言葉を使いながら，保育者によって意味するものが異なるのである。代表的なものを挙げれば，次の2つとなろう。

　ひとつは，保育内容の1分野として「環境」をとらえるもの。もうひとつは，保育を展開していく際の基本として「環境」を幅広くとらえようとするものである。

前者のとらえ方は，1989年の教育要領の改訂において，それ以前に示されていたいわゆる6領域*が見直され，新たな領域のひとつとして「環境」が設けられたことに起因する。ちなみに，1989年の改訂ではこの領域「環境」について，以下の説明書きが添えられていた。

「この領域は，自然や社会の事象などの身近な環境に積極的にかかわる力を育て，生活に取り入れていこうとする態度を養う観点から示したものである。」

　また，2017（平成29）年に改訂された現行の教育要領においても領域「環境」は，以下のように述べられている。

「周囲の様々な環境に好奇心や探究心をもって関わり，それらを生活に取り入れていこうとする力を養う。」

　こうした「～力を育て，～態度を養う観点から示した」，あるいは「～力を養う」という記述からもわかるように，領域「環境」は保育者が「指導する事項」のひとつとして示されたものである。したがって，「環境」という時，この領域「環境」をイメージする保育者は，「環境」を保育における指導内容つまり保育内容としてとらえていることになろう。もちろん，教育要領，保育指針，教育・保育要領に示されている領域は，小学校以上の教育において主軸となる教科とは異なり，あくまでも「発達を見る視点」**と位置づけられてはいる。しかし，現状では，いまだ5領域を保育者が指導すべき保育内容の枠組みと理解する傾向は強い。そのため，領域「環境」をイメージする保育者は，「環境」も保育内容の1分野にすぎないととらえることが多い。
　一方，後者のとらえ方は，1989年の教育要領の改訂において，第1章 総則に示されることとなり，現行においても引き継がれている以下の記述に注目したものであろう。

「幼児期の教育は，生涯にわたる人格形成の基礎を培う重要なものであり，幼稚園教育は，学校教育法に規定する目的及び目標を達成するため，幼児期の特性を踏まえ，環境を通して行うものであることを基本とする。」

　同様の趣旨は，以下に示す通り，2017年に改定された保育指針においてもみられる。

＊1956（昭和31）年刊行の「幼稚園教育要領」から幼稚園教育の内容として示された健康・社会・自然・言語・音楽リズム・絵画製作の6つの領域のこと。1965（昭和40）年刊行の「保育所保育指針」においても，3歳以上児については6領域が踏襲された。5領域への改訂までの約30年間，保育実践のよりどころであった。

**5領域の性格を言い表した用語。幼児期の育ちは文字通り「まるごと」のものであり，その内部を分けて考えることはできない。しかし，発達の諸側面をしっかりとらえる分析的な視点も必要であり，その最小限の区分として示したのが5領域である，との認識から導かれたものである。岸井勇雄編著『改訂幼稚園教育要領の展開－基礎的実践的研究』pp.136～139，明治図書，1989，および高杉自子・野村睦子監修『新・幼稚園教育教育要領を読み取るために』p.64，ひかりのくに，1989，などを参照。

「保育所は，その目的を達成するために，保育に関する専門性を有する職員が，家庭との緊密な連携の下に，子どもの状況や発達過程を踏まえ，保育所における環境を通して，養護及び教育を一体的に行うことを特性としている。」

なお，「学校教育法」が規定する目的とは以下の通りである。

「幼稚園は，義務教育及びその後の教育の基礎を培うものとして，幼児を保育し，幼児の健やかな成長のために適当な環境を与えて，その心身の発達を助長することを目的とする。」

このように，1989年の教育要領の改訂以降，「学校教育法」に示されていた「適当な環境を与えて」ということが，保育の基本としてあらためて重視，強調されたのである。そして，この基本は「環境を通して行う保育」*と要約され，保育者主導の保育を転換する際のキー・ワードとなったのである。したがって，「環境」というとき，この「環境を通して行う保育」をイメージする保育者は，子ども主体の実践を求める中，子どもの発達に影響を与えるさまざまな「環境」を念頭におくことになろう。

ただ，子どもの発達と環境の関係について考える場合，前者より後者のとらえ方を前提とすることが大切となろう。つまり，「環境」という言葉が意味するところを，保育を展開していく際の基本となる「環境を通して行う保育」という観点からとらえ，その中身を幅広く考えていこうということである。その理由は，前述した教育要領の総則でも指摘されているように，幼児期という時期が他の子ども期と比べ，環境とのかかわりにおいて発達が促される傾向が強いためである。言い換えれば，幼児期の発達の特性が，必然的に「環境を通して行う保育」を導くということになる。本章も，この観点から論ずることとする。

なお，こうした教育要領に示された「環境」についての基本的な姿勢は，保育指針および教育・保育要領についても同様である。

2 幼児期の発達の特性と環境の重要性

では，幼児期の発達の特性とはどのようなものなのであろうか。この点について，4歳児を担任する保育者が子ども1人ひとりの変化を記したエピソード記録をもとに考えてみよう。

事例2－1 「ぼくたちの畑のニンジンはおいしかった！」　　4歳児12月
　Kくんは野菜が大の苦手。とくに，ニンジンやトマトは見るだけで「オェー」な

---

*「幼稚園教育要領」のみを前提とすれば，「環境を通して行う教育」と呼んだ方が正確である。ただ，本章では幼稚園・保育所を区別せず，ともに子どものよりよい発達を保障する保育の場であるととらえ，論じていくため，「環境を通して行う保育」と呼ぶことにする。

どと言い出す。細かくきざんだり，味つけを変えても，上手に (??) ニンジンを見つけ出し，箸でよけている。そのつど，いろいろ声をかけても効果なし。絵本やパネルシアターを使って，大事な栄養となることも伝えてみるが，そのときは「わかった！」と言いながらも，実際に食べるときになるといつもの姿の繰り返しだった。

そこで，園の畑にKくんが苦手なニンジンを植えてみた。子どもといっしょに世話をする中，葉が大きくなるとKくんも興味をもちはじめたよう。自分たちから気づいて水やり当番なども始めた。ただ，「ニンジン，ならないね」と不思議がってもいた。どうやら，実をつけると思っていたらしい。

そして，いよいよ収穫となると，はりきってニンジンを引き抜いていた。

「これでカレーをつくろうよ」と私から提案すると，クラスみんなも大喜び。包丁片手にみんなで調理し，カレーを食べることになった。

Kくんは，はじめまわりのようすを見ていたが，友だちが「おいしい，おいしい」と食べる姿に刺激されたのか，おそるおそる自分から食べはじめた。

すると，「いつものカレーのときより，ぜんぜんうまい！」と大喜び。

私が，「先生のところに入っているこのニンジン，Kくんが切ったのかな？」と聞いてみると，「そうそう！オレが切ったの。オレの中にも入ってるよ！」と大満足のよう。

これをきっかけに，Kくんも少しずつ苦手なものに挑戦していくようになった。

これはふだん苦手な野菜を，自分たちで栽培・調理したことをきっかけに関心を強め，食べはじめたという事例である。畑活動を実践している保育者であれば，よく目にする光景といえるだろう。自分たちで育てた野菜だからこそ，愛着を感じたわけである。また，自分たちで料理したからこそ，おいしくも感じたのである。もちろん，保育者は日ごろから言葉がけや絵本読みなどを通して，偏食をあらためることや，さまざまな野菜を食べる大切さは伝えていた。おとなであれば，そうしたはたらきかけだけで，「よし，食べてみよう」と考え，行動していくこともできる。

しかし，幼児期の子どもに対しては，そうした刺激だけでよい変化を期待することは難しい。子どもがよりよく成長・発達していくためには，本人がある事柄を大切だと実感し，意欲をもって取り組んでいくことが不可欠となる。そのためには，子ども自身が実際に体験していくことが重要となる。

この点について，2017年に示された「幼稚園教育要領中央説明会資料（以下「教育要領資料」とする）」は，次のように整理している。

「一般に，幼児期は自分の生活を離れて知識や技能を一方向的に教えられて身に付けていく時期ではなく，生活の中で自分の興味や欲求に基づいた直接的・具体的な体験を通して，この時期にふさわしい生活を営むために必要なこ

とが培われる時期であることが知られている。」

つまり，幼児期の子どもは「直接的・具体的な体験を通して」成長・発達していくところに特徴があるというわけである。この指摘は，事例2－1の姿にそのまま重なるものであろう。

とすれば，保育者が言葉がけや絵本などの教材を通して，ある指示や提案を抽象的に行うことを中心とした保育は，幼児期の子どもたちに対してはふさわしくないということになる。子どものよりよい成長・発達を促すためには，子ども自身が直接的かつ具体的な体験ができるよう，その体験を引き出し，かつ支える条件こそが重要となる。この条件こそ環境であり，それをあらかじめ整備・設定しておいたり，子どもの興味・関心に応じて再構成することが保育の基本となる。「環境を通して行う保育」とは，このように保育を展開することであり，この方向性こそが幼児期の発達の特性にも即しているのである。保育において環境が重視される理由はここにある。

3 環境をとらえる視点

環境が重要だとはいえ，その種類また要素などは多岐にわたる。

まず，もっとも一般的かつ代表的な環境の種類として挙げられるのは，自然環境と社会環境である。自然環境とは，動植物をはじめ，山，川，海，湖，太陽，雲，気象などである。社会環境は，親，兄弟姉妹，親戚，友だち，保育者，地域の人々といった周囲の人間関係や，その中で生み出された価値観や規範，さらに衣服，食事，住居，書物，テレビ，ビデオ，パソコンなど，人間がつくり出してきたあらゆるものが含まれる。

ただ，社会環境のうち，衣服，食事，住居，書物，テレビ，ビデオ，パソコンなど人間がつくり出してきたあらゆるものを文化環境として区別することもできる。また，この文化環境を衣服，食事，住居に代表される物質文化環境と，近年，その存在が注目されているテレビ，ビデオ，パソコンなどを情報環境ととらえ，さらに細かく分類するとらえ方もある。

こうした，さまざまな環境が外的条件として私たち人間を取り囲み，物事のとらえ方や行動を規定している。もちろん，子どもに対しても例外ではない。ただ，自然環境をはじめ，社会環境，あるいは物質文化環境，情報環境という区分は，目に見えやすく，量的にも把握しやすい側面から整理されている。そのため，それぞれ別個に，子どもに対しても影響を与えているととらえられがちでもある。

しかし，積み木ひとつとっても，いつでも自由に使ってよい園と，使う時間が決まっている園とでは，子どもに与える影響も異なるはずである。つまり，積み木という物質文化環境が，園ならびに保育者の価値観といった社会環境との関係

の中で，使用の自由度を変化させているわけである。実際には，こうした状態が一般的であろう。とすれば，目に見えやすく，量的にも把握しやすい側面からのみ環境をとらえ，それぞれ別個に取り上げることは現実にそぐわない。とくに，「おはよう」から「さようなら」まで，切れ目のない自然な流れの中で園生活を送る保育現場の子どもたちの場合，こうした点に留意しておくことは重要である。

その際，空間，時間など目に見えにくい部分に注目し，質的側面から環境をとらえることは有益であろう。また，環境間の関係に注目した分析なども参考になろう。

たとえば，ブロンフェンブレンナー（Bronfenbrenner, U.）*は，生態学的な観点から，子どもの発達にかかわる環境の質と相互の関係を整理した。すなわち，家庭，園，仲間集団など，個人が直接体験する活動や人間関係，場所などをマイクロシステム，園の友だちを呼んで遊んだりするようなマイクロシステム間の相互関係をメゾシステム，幼稚園や保育所など，子どもが属しているマイクロシステムに影響を与える外部システムをエクソシステム，そして，文化，価値観，国家など以上の3つのシステムを包括するものをマクロシステムと整理している。まさに，身近な環境レベルから社会全体のしくみや思想体系までを視野に入れ，それぞれが有機的に絡み合う中で，私たち人間に影響を与えていることを構造的に明らかにしたわけである。

具体的な体験を通して成長・発達する時期である幼児期，またその時期の保育を考えるとき，環境をこのように多様かつ幅広くとらえたうえで，それぞれの要素が有機的に絡み合って存在している，ととらえておくことは重要となろう。

4 環境とのかかわりを通して育つもの・育てたいもの

では，幅広く，多様な環境とのかかわりを通して，子どもは具体的にどのような力を身につけていくのであろうか。また，保育者としてどんな育ちを期待していくべきなのであろうか。

この点について，「教育要領資料」では前述した直接的・具体的な体験を通して育つという姿を踏まえ，幼児期の発達の特性のうち，とくに留意しなければならない主なものとして6つの姿を挙げている。そのポイントを抜粋すると，以下のようになる。

「①幼児期は，身体が著しく発育するとともに，運動機能が急速に発達する時期である。
②幼児期は，次第に自分でやりたいという意識が強くなる一方で，信頼できる保護者や教師などの大人にまだ依存していたいという気持ちも強く残っ

*ロシア生まれのアメリカの発達心理学者。アメリカと旧ソ連での発達の比較文化研究やレヴィンの場理論，生活空間の理論を発展させ，独自に生態学的アプローチによる発達研究を提唱した。

ている時期である。
③幼児期は，幼児が自分の生活経験によって親しんだ具体的なものを手掛かりにして，自分自身のイメージを形成し，それに基づいて物事を受け止めている時期である。
④幼児期は，信頼や憧れをもって見ている周囲の対象の言動や態度などを模倣したり，自分の行動にそのまま取り入れたりすることが多い時期である。
⑤幼児期は，環境と能動的に関わることを通して，周りの物事に対処し，人々と交渉する際の基本的な枠組みとなる事柄についての概念を形成する時期である。
⑥幼児期は，他者との関わり合いの中で，様々な葛藤やつまずきなどを体験することを通して，将来の善悪の判断につながる，やってよいことや悪いことの基本的な区別ができるようになる時期である。」（丸数字筆者）

①は運動機能が活発化していく姿，②は大人への依存を基盤としつつも，自立へ向かう姿，③はイメージの形成・拡大とともに，他者との違いに気づいていく姿，④は模倣を基盤に，生活習慣や態度を形成していく姿，⑤は人とのかかわりに関する概念を形成していく姿，⑥は道徳性の芽生えが培われる姿をそれぞれ指摘している。

こうした姿が，幅広く，多様な環境に出会い，自らはたらきかけていく中で，子どもに形成されていくのである。環境とのかかわりの意義とは，こうした幼児期の発達の特性に見合った豊かな成長・発達が促されるところにあるといえる。保育者は，こうした成長・発達を期待する中，よりよい環境を整えていかねばならないのである。

2. 子どもの遊びと環境のかかわり

1 遊びとはなにか

幼児期が直接的・具体的な体験を通して成長・発達する時期であるとすれば，その体験がもっとも自発的に展開されている場面は遊びである。そのため，幼児期の子どもたちに対しては，「遊びを中心とした保育」をすすめることも求められている。

しかし，環境と同様，遊びの解釈もさまざまである。

たとえば，外部講師を招いて「体育遊び」「英語遊び」などを重視している園がある。「〜遊び」と命名されつつも，その内実は外部講師が主導して跳び箱やマッ

ト運動をさせるといった体育活動，また英語学習にすぎない。指導する側は「楽しく遊ぶ中，体力や英語を身につけている」「勉強ではなく，あくまでも遊びとして取り組んでいる」と主張する。もちろん，子どもによっては指導されている活動中，楽しさを感じることもあるだろう。ただ，活動終了後，保育者に「遊んできていい？」と聞く姿を見ると，おとなの意図と子どもの実感がズレていることに気づかされる。結局，おとな側が「〜遊び」と命名しても，それはおとな側の思い込みにすぎない。「遊びを中心とした保育」が叫ばれながらも，いまだこうした取り組みを目にすることが多いのは，遊びそのものの理解が不十分だからであろう。このように，遊びのとらえ方をめぐっては，いまだ混乱状況にあるといってもよいだろう。

そこで，あらためて遊びの概念について確認しておこう。

たとえば，ホイジンガはその著『ホモ・ルーデンス』※の中で，「人間文化は遊びのなかにおいて，遊びとして発生し，展開してきたのだ」と述べたうえで，遊びを次のように定義した。

「遊びとは，あるはっきり定められた時間，空間の範囲内で行われる自発的な行為もしくは活動である。それは自発的に受け入れた規則に従っている。その規則はいったん受け入れられた以上は絶対的拘束力をもっている。遊びの目的は行為そのもののなかにある。それは緊張と歓びの感情を伴い，またこれは『日常生活』とは，『別のもの』という意識に裏づけられている。」

このように，ホイジンガは遊びを自発的な行為と位置づけ，遊びが「何かのため」になされるのではなく，遊ぶこと自体が目的となっていることを指摘した。また，遊びが「緊張」「歓び」「面白さ」によって成り立っていることも指摘した。さらに，このうち「面白さ」に注目し，次のように述べている。

「面白さとは，それ以上根源的な観念に還元させることができないもの…（中略）…この面白さの要素こそが，何としても遊びの本質なのである。」

つまり，ホイジンガによれば，遊びとは自発的な行為であり，自己目的性やおもしろさの追求，非日常的な意識によって成り立っているというわけである。この定義づけは，読者も自らの体験，また実感に引き寄せて考えれば，違和感なく受け止めることができよう。

こうした定義を踏まえれば，あらためて，子どもの遊びが第三者，とくに保育者によって先導されるようなものでなく，子ども自身が主人公となり，興味・関

※ J．ホイジンガ（高橋英夫訳）『ホモ・ルーデンス』pp.19-20，中央公論社，1973。オランダの文化史家ホイジンガの代表作。フランスの思想家カイヨワによる『遊びと人間』（岩波書店）とともに，遊びを考えるうえで避けて通ることのできない文献である。これらは，遊び論の2つのバイブルともいえよう。

心に応じて自発的に活動を展開する中，自らが感じるおもしろさを追求していくことであるといえよう。まさに，遊びとは子どものものであり，おもしろく遊ぶこと自体が目的となる自発的な活動なのである。

2 遊びに対する環境の意味

遊びが，子ども自らの興味・関心によって，自発的に展開されるものであり，そこで感じるおもしろさを追求していくことだとすれば，あらためて環境の重要性が注目される。なぜなら，子どもの遊びは目の前に遊んでみたいものがあるか，ないかで大きく異なるからである。

たとえば，登園し，保育室に入ったとき，一部に粘土板と粘土が置いてあるテーブルがあったとしよう。子どもの中には，それに関心を示し，身じたくをすませると，自分から遊びはじめる子どもがいるだろう。ある子どもは，粘土を長く伸ばし，その形から「ヘビ」や「スパゲッティ」を想像するかもしれない。また，別の子どもは丸めて「おだんご」や「ボール」などに見立てて遊ぶかもしれない。誰に命令されたわけでもなく，自ら始めたこの粘土遊びは，自分が納得するまで続けられることになろう。それゆえ，自分でこの遊びに区切りをつけたときは，「おもしろかった！」という満足感も得られるだろう。

これに対して，登園時，保育室にはテーブルと椅子が並べられているだけで，テーブルの上にはなにも置いてない状態を考えてみよう。園によっては，全員が登園した後，朝の会を行い，その流れで一斉活動あるいは主活動に入れるよう，あらかじめ保育室全体にクラス全員が着席できるテーブルと椅子を設定しておくだけのケースも多い。こうした場合，子どもはなにをして遊ぶということなく，朝の会が始まるまで，テーブルのまわりをフラフラと徘徊しているだけのことが多い。子どもによっては，友だちとテーブルの間を走り回り，じゃれあったりもするが，その中で「おまえがぶつかった」などとけんかが起きたりもする。すると，保育者から「危ないから走らない」「静かにしなさい」などと注意される。また，わずかなスペースでブロックを始めようとしても，走りまわる友だちによって，落ち着いて遊べないといった状態も見られたりする。子どもたちが，大変不自由な状態におかれるわけである。

このように，保育室の一部に粘土が置かれているテーブルが用意されている状態と，テーブルが保育室一面に並べられ，その上になにもない状態では，子どもの姿もずいぶん異なる。もちろん，後者の例では，時間という環境も保育者によって支配されていることも大きな影響を与えていよう。いずれにしても，環境という外的条件の豊かさによって，子どもの遊びは左右され，その充実度も異なるわけである。

また，同じ粘土であっても，保育者が主導する一斉保育で粘土活動に参加させる場合は，子どもの受け止め方も違ってくる。基本的に，一斉保育においては，粘土の活動ひとつとっても「なんのために行うか」といった目的意識をはじめ，「なにをつくるか」「どのようにつくるか」そして「何時までやるのか」まで保育者が取り仕切ることとなる。そのため，子どもも自発的に遊ぶときとはずいぶん違った印象をもつだろう。場合によっては，保育者からの指示通り活動をすすめることができず，「粘土なんか嫌い」「もうやりたくない」といった記憶を重ねることにもなるだろう。つまり，同じものであっても，その示し方によって，遊びの意欲が引き出されたり，またその逆もあり得るのである。保育者は，環境を用意するうえでまずこの点を留意しておくことが重要となる。

　さらに，保育室一面にテーブルが並べられている状態は，物的な環境だけでなく，ものが影響しあって構成している場がもたらす意味，そして影響の大きさを気づかせてくれる。つまり，保育室を，保育者が教育的な観点から主導しようとする集会や主活動を展開する場として構成するのか，子どもが自発的に遊んでいける場として構成するかによって，子どもの行動も大きく変化するのである。誤解を恐れずにいえば，知識や技能を一方向的に教え込むための教室にすぎないのか，子どもの遊び場として構成されているかによって，子どもに形成される自主性の度合いもずいぶん異なるわけである。「遊びを中心とした保育」をすすめようとする場合，園庭だけでなく，保育室も子どもの遊び場であることが求められる。もちろん，食事・睡眠などのスペースを考慮する必要もあるが，幼児期においては，まずは生活の中心である遊びが充実するもの，そして場の構成を優先させていく必要があろう。

　ちなみに，こうした場が与える影響について，遊び空間を〈自然スペース〉〈オープンスペース〉〈道スペース〉〈アナーキースペース〉〈アジトスペース〉〈遊具スペース〉の６種類に整理した仙田満は，それぞれのスペースで，子どもの遊び方に変化が見られることを指摘している。仙田[*]によれば，〈自然スペース〉では自然物を使って遊ぶ「物とのあそび」や，冒険・探検ごっこなど「場でのあそび」が多い。〈オープンスペース〉では鬼ごっこやボール遊びなど「ゲーム」が多い。〈道スペース〉ではかけっこや自転車で遊ぶなどの「身体動作あそび」と「ゲーム」が多い。〈アナーキースペース〉では，「場あそび」とごっこ遊びなど「コミュニケーションあそび」が多い。〈アジトスペース〉では「物あそび」と「コミュニケーションあそび」が多い。〈遊具スペース〉では「身体動作あそび」と「コミュニケーションあそび」が多いと述べている。

　幼児の遊びは実に多様である。その多様性に応えるための場を豊かに保障していくためには，こうした分類，また場がもたらす影響を考慮しておくことも重要

[*]仙田満『こどものあそび環境』pp.86-88, 筑摩書房, 1984 参照。

であろう。

3 環境の応答性への注目

　前述したように、環境にはさまざまな種類、レベルがある。ただ、外的条件として「そこにある」というだけで、遊びを引き出したり、場を豊かにしてくれるわけではない。それは、先の粘土の事例を見ても明らかであろう。同じ粘土であっても、自由に使えるか、第三者によって制限されているかによって遊び道具になるかどうかも変わってくるからである。このことから、環境といっても、外的条件として子どもを取り囲む世界に存在しているという面と、すでに子どもと環境とがかかわりをもつという2つの意味があることがわかる。

　ただ、「環境を通して行う保育」あるいは「遊びを中心とした保育」をすすめるうえでは、子どもがかかわらない、また子どもから見えないものまで、視野に入れることはない。先述のブロンフェンブレンナーの整理したものでいえば、マイクロシステムやメゾシステムに注目し、子どもの発達と環境の関係や、環境の構成を考えようということである。もちろん、園全体の運営を考えれば、エクソシステムやマクロシステムも重要ではある。ここでいいたいことは、あくまでも実践レベルでのことである。つまり、「環境を通して行う保育」という観点で考えれば、外的世界として存在するすべての環境のうち、子どもとかかわりがあるもの、また子どもがはたらきかけるものを環境ととらえ、それを豊かに構成・設定しておくことが重要となるわけである。

　このようにとらえると、おのずと環境と子どもの関係は、応答的であるといえよう。言い換えれば、構成・設定する環境に応答性があるからこそ、「環境を通して行う保育」も実現できるわけである。

　こうした環境の応答性について、上垣内伸子は「不変性」をもつものと、「可変性」をもつものの2種類があることを指摘する＊。「不変性」とは文字通り、子どもにとって「いつも同じ」といった実感、安定性をもたらすものであり、園生活の一日の流れ・時間がおおよそ決まっていること。また、遊び道具や遊びのコーナーの場所が一定であることなどが挙げられている。一方、「可変性」の方は、砂や水など、子どもがイメージをもってはたらきかけつつも、必ずしもその通りにならない状態をとらえて指摘したものである。たしかに、砂場で山をつくるため、水をかけて固めているが、水がかかりすぎて思いがけず山が崩れてしまうことはよく見られる。そんなとき、子どもたちは「山が爆発した」「穴が開いたから、これを海にしよう」など、砂や水がもつ「可変性」に触発され、遊びをふくらませていく。こうした意外性が子どものイメージの広がり、好奇心、思考力、新たな意欲などを引き出すわけである。もちろん、この応答性は物的なものだけでは

＊上垣内伸子「発達を支えているもの」柴崎正行編『保育における発達の探究』pp.133-136, 相川書房, 1996参照。

なく，保育者など人的環境についてもいえることである。このように，子どもが出会う環境は，つねにあるメッセージを発していると解釈することもできる。

この点に関連するものとして，近年，ギブソン，J. が提唱したアフォーダンス（affordance）という理論が注目されている。佐々木正人によれば，そのポイントは以下のようになる[*]。

「『すり抜けられるすき間』『登れる段』『つかめる距離』はアフォーダンスである。アフォーダンスとは，環境が動物に提供する『価値』のことである。アフォーダンスとは良いものであれ，悪いものであれ，環境が動物に与えるために備えているものである。…（中略）…アフォーダンスは事物の物理的な性質ではない。それは『動物にとっての環境の性質』である。アフォーダンスは知覚者の主観が構成するものでもない。それは環境の中に実在する，知覚者にとって価値のある情報である。」

[*] 佐々木正人『アフォーダンス——新しい認知の理論』pp.60-64, 岩波書店, 1994 を参照。なお，アフォーダンスという用語はギブソンによる造語。「～ができる」「～を与える」といった意味をもつ動詞アフォード（afford）を名詞化してつくったものである。

佐々木はこのように述べた後，具体例として普通の紙と厚いダンボールの小さな切れ端の違いを挙げている。つまり，普通の紙は「破ること」をアフォードしているが，厚いダンボールの小さな切れ端は一般には「破れない」ことを知覚させるというわけである。もちろん，この理論は，環境がわれわれに対して反射や反応を引き起こすことを意味しているのではない。また，われわれが内的にもつ印象や知識といった主観とも異なることも強調する。あくまでも環境そのものがすでにもっている性質を，われわれがそれにかかわり，体験していく中で発見，獲得していくわけである。この理論に基づけば，子どもは環境とのかかわりを通して，周囲の環境がもつ価値や情報を発見しながら，自らの世界を拡大しているととらえることもできる。

このように，子どもと環境の関係は，相互にはたらきかけ合う関係と見なすこともできる。環境の重要性，また影響力を強調すると，ややもすると環境に対してつねに子どもが受け身であるかのように誤解することもある。しかし，両者は相互的な関係をもっている。「環境を通して行う保育」ということも，こうした関係性を踏まえて実践していくことが大切となろう。

4 「環境を通して行う保育」の構造

では，実際に「環境を通して行う保育」をすすめる場合，子どもと環境の関係をどのようにとらえていったらよいのであろうか。

その際，「日本のフレーベル」「幼児教育の父」とも称される倉橋惣三（そうぞう）が提唱した保育方法を，「間接教育」という視点から整理した桑原（くわはら）昭徳の指摘は参考とな

る*。栗原は，倉橋が①「教育者－設備－子ども」関係，②「教育者－子ども－子ども」関係，③「教育者－遊戯－子ども」関係，の3つを重視していたことを踏まえ，それを次のように一般化している。

① 「教育者－物（モノ）－子ども」関係
② 「教育者－人（ヒト）－子ども」関係
③ 「教育者－事（コト）－子ども」関係

*栗原昭徳『間接教育の構造――倉橋惣三の幼児教育方法』p.129，ぎょうせい，1994．参照。

このように栗原は，「環境を通して行う保育」が園具や遊具，素材といった「物的環境」，子どもや保育者などの「人的環境」，出来事，事柄といった「事（コト）的環境」の3つの環境が互いに絡み合う中で展開されることを主張する。また，「物的環境」「人的環境」「事（コト）的環境」のそれぞれが，保育者と子どもの間に存在していること，そのため，各環境は，保育者からは子どもの育ちとして期待する意図によって構成されていくものであると同時に，子どもからもはたらきかけられるものであるといった相互的な関係も指摘している。まさに，環境をめぐる関係を図式化することによって，「環境を通して行う保育」を構造的に把握しようとしたわけである。

さらに，「物的環境」「人的環境」といった一般的な環境の種別に加え，「事（コト）的環境」を加味しているところもユニークである。つまり，「事（コト）的環境」であるままごとという遊びが目の前に展開されているから，子どももその遊びに参加してみたくなることに注目しているのである。言い換えれば，「事（コト）的環境」がイメージできない場合には，いくらものがあっても遊びが広がらないこともあるということに注目しているわけである。保育者から，「物的な環境構成に努めたものの，子どもがまったく遊ばない」という悩みを聞くことも多いが，これを解決していく視点として，「事（コト）的環境」に注目しておくことは大切となろう。「環境を通して行う保育」を，「物（モノ）」「人（ヒト）」「事（コト）」の3つの窓口から考えてみることは，その実践の幅をさらに広げていくことになろう。

3. 個の発達・集団の発達と保育者の役割

1 集団の場での育ち

保育現場は家庭とは異なり，1人の保育者が複数の子どもを保育するという特徴をもつ。つまり，1対1による個別的な対応ではなく，集団で保育することが

主となっているわけである。好むと好まざるとにかかわらず，これが保育現場の実態である。

　しかし，1989年，前述したように教育要領で6領域から5領域の大改訂が図られる中，子ども1人ひとりを大切にする保育ということがあちこちで叫ばれるようになった。もちろん，その方向性に異論を述べる保育者はいないだろう。ただ，子ども1人ひとりを大切にする保育ということを誤解し，保育者との1対1的な関係のみで保育をすすめねばならないと強調した関係者もいた。こうした誤った主張が，集団保育をすすめる現場に混乱を与えたことは想像に難くない。その混乱を正し，より現実的な保育のあり方を見い出すためには，あらためて，子どもが集団で生活する中で，どのように発達するのか，その意義をとらえておく必要があろう。

　子どもは，保育現場で生活する中，同年齢や異年齢などさまざまな子どもたちに出会う。核家族が中心で，親，または少ない兄弟姉妹とのかかわりだけに限定される家庭生活では味わえない体験である。子どもはこうしたさまざまな他者に出会い，互いにかかわりあいながら，多くのことを吸収し，自らを成長させていくのである。

> **事例2－2　友だちの動きに刺激を受け，自立していく姿　　　　3歳児**
> 　3歳で幼稚園に入園したK男は，排泄の習慣が身についておらず，入園当初は紙おむつをしたまま登園していた。もちろん，親も努力はしていたが，なかなかうまくいかなかったようだ。そこで保育者は，失敗してもよいことを前提に，親に紙おむつをはずすことをお願いした。親も理解し，紙おむつをはずしたものの，4月はおもらしの連続。保育者もK男の排尿の時間を見計らって声をかけるが，なかなか成功しなかった。そうしたはたらきかけを繰り返す中，5月半ばになって，K男に大きな転機が訪れる。保育者といっしょにトイレに行った際，K男が関心をもちはじめたY男が飛び込んできて，勢いよく用をたしたのである。あまり，清潔な話ではないが，その勢いにK男は驚き，しばし見入っていたそうだ。そして，Y男が用をすませると，K男は自分から「おしっこしてみる」と言い出した。自分から下着も下げ，なんと大成功。保育者も思わず「やったね！　出た出た」と大喜びしたそうである。この日を境に，K男は自分からトイレに行き，おもらしもしだいになくなっていったという。

　このように，家庭において親が努力していてもなかなか成果が得られなかったことが，集団生活を体験する中，短期間で身についたという話は，保育現場からよく報告されることである。きっかけはさまざまではあるが，たいていは同年代の他者，つまり仲間，友だちとの出会いが大きく影響している。関心を向けていたY男の姿に刺激を受けたK男の姿は，その典型といえるだろう。

「子どもは子どもの中で育つ」——従来から言われていることであるが，保育というと，とかくこの点が忘れられがちでもある。とくに，自らの指導性を発揮する中で子どもの変化を求めようとする保育者などは，子ども同士のかかわりあいに対し，保育・教育的な意義を積極的に見い出すことが少ない。

保育現場のいずれであっても，家庭とは異なり，集団で生活していることの意味を積極的に見い出し，その中でこそ子どもが育つということを再確認していかねばならないだろう。子どもの発達は，こうした子ども同士の関係の中でとらえていくことが大切なのである。

2 個と集団の育ち合い

子どもの発達を子ども同士の関係でとらえていこうとすれば，1人ひとりの育ちとともに，その関係の状態をつかむことも必要となる。言い換えれば，個の育ちと集団の育ちの両面をとらえていくということになろう。

先に，子ども1人ひとりを大切にする保育をめぐって，誤解があったことを紹介した。ただ，集団で保育するという点についても，誤解がないわけではない。たとえば，幼児クラスを担任する保育者によく見られることだが，集団保育をしているからと，とにかくクラスのまとまりばかりを求めることがある。しかし，子ども同士の関係を大切にしていくことと，クラスのまとまりを求めることは同じではないはずである。たとえば，入園時，たいていの子どもは誰1人友だちがいない状態からスタートする。そして園生活を送る中，2人，3人と徐々に仲間関係を広げていくのである。そうした時期，いきなりクラス全員とかかわることや，まとまることを要求しても無理があるのは当然である。

こうした誤解をしないためには，あらためて，集団を枠組みではなく，子ども同士がつながっていく中で生み出されていくものだととらえておくことが大切となろう。いわば，集団を保育者が形成するというより，子どもによって生成されるものととらえ，その変化に応じたかかわりをしていくわけである。そうした個が育つ中で集団も生成されていくプロセスを，筆者がかかわる園（東京・国立：東立川幼稚園）において，3～5歳児の変化として仮説的に整理したものを提示してみると，以下のようになる。

〔Ⅰ期　1人からの出発〕（3歳児4月～）
　　入園初期，ひとり遊びを楽しみたい時期。自らの要求に応じて遊び出し，自己表出と自己実現の基盤をつくる時期でもある。

〔Ⅱ期　仲間の発見と出会い〕（3歳児6月～）
　　興味を示すものや事柄を媒介に近づきはじめる子どもたち。人そのもの

↓　　への関心も生まれ，かかわりあいが生まれてくる時期。
〔Ⅲ期　簡単な協力〕（3歳児7月〜）
　　↓　　並行的な遊びを展開する中，互いがその場を混乱なく遊びを分け合ったり，実現のために簡単な協力ができるようになる時期。
〔Ⅳ期　要求のぶつかりあい〕（3歳児9月〜）
　　↓　　互いに関心をもつものが重なりはじめる中，自分の思いも出していく。ただ，表現手段が十分でないためにトラブルが起こる。将来，価値観を形成するにあたり，基盤となる体験を重ねる時期。
〔Ⅴ期　意識的な協力の実現〕（4歳児6月〜）
　　↓　　寄合所帯的な姿から，目的をともにした仲間が小集団を形成し，ひとつの行動をしていこうとする時期。
〔Ⅵ期　役割分担の成立〕（4歳児7月〜）
　　↓　　目的実現までの見通しがたしかになりながら，互いに必要な役割を考え，実行しようとしていく時期。
〔Ⅶ期　自己課題の発見と挑戦〕（5歳児5月〜）
　　↓　　生活の中で目的的な行動が高まる中，1人ひとりが自らの興味・関心に根ざした行動をしていくことが，クラス集団のエネルギーにもなっていく時期。
〔Ⅷ期　集団による組織的な活動の展開〕（5歳児7月〜）
　　↓　　小集団同士でも共同しあいながら，クラス集団の目的実現のため，役割をそれぞれが担い，自主的に行動をすすめていく時期。園生活を自主的に運営していけるようになる時期でもある。
〔Ⅸ期　子ども同士による問題解決と価値観の共有〕（5歳児11月〜）
　　　　組織的な生活運営上のさまざまな問題を自らのこととして考え，行動していく時期。人間存在としての価値観づくり。

　このように集団での生活は，まず1人ひとりの歩みから出発し，しだいに仲よしの友だちを見つけ，トラブルを乗り越えながら，目的を実現するための協力や役割分担が芽生えるようになる。そして人間関係の輪が広がる中，クラス全体のまとまりも生まれてくる。また，そうした中，子どもたちだけで問題解決をするなど，自分たちの生活を自分たちなりにすすめていく姿も見られてくる。その結果，ともに生活するために必要なルールや人間として大切にしてほしい価値観もつくられる。園生活とは，こうした個と集団が絡み合いながら展開されていくものなのである。したがって，保育者は1人ひとりへのまなざしと同時に，集団の状態にも目を向けていく必要がある。もちろん，こうしたプロセスは目標として

ではなく、子ども理解の目安にすぎない。各自の工夫を期待したい。

❸ 子ども主体の保育をすすめるうえでの保育者の役割とは

　幼児期の生活の中心に遊びがあり、その遊びを通して個と集団が育つとすれば、保育者が果たす役割も狭い意味での先生という役割を脱皮していかねばならないだろう。狭い意味での先生とは、子どもを未熟な存在ととらえ、その未熟さを改善するために必要な知識・技術を教授することに終始しようとする姿を指す。

　もちろん、保育者として必要に応じて物事を教えたり、新しい活動を提案することはあるだろう。しかし、幼児の自発性、主体性が遊ぶ中で発揮され、かつ遊びの中で人とのかかわり方をはじめ、さまざまなことを身につけていくとすれば、やはり、そうしたかかわり方は主になるものではない。子ども自身がなにをしたいかを見取り、そのことを実現できるように支えていくことが重要となる。

　その際、近年、5つの役割が強調されている。具体的には、「幼児の活動の理解者」「幼児の共同作業者」「幼児のモデル」「遊びの援助者」「幼児のよりどころ」である。以下、それぞれの役割別に期待されている内容について述べみよう。

（1）幼児の活動の理解者

　保育者が果たすべき多様な役割のうち、第一に指摘されているのが、子どもが行っている活動の理解者となることである。適切なかかわりを行うためには、たしかな子ども理解が不可欠である。幼児の活動の理解者としての役割を果たすとは、このことをしっかり担おうということである。

　ただ、この役割は、どちらかといえば、子どもに直接かかわるのではなく、見守るという態度をとることとなる。これまで、保育者のかかわりは直接、子どもに接する側面から論じられることが多かった。しかし、幼児の活動の理解者としての役割は、直接、子どもにかかわらず、多様に展開されている子どもの活動をじっくりと見て、そこでどんなことを楽しんでいるのか。また、どんな点に育ちやつまずきがあるのか。さらに、子ども同士の関係、つまり集団の状態はどうなっているか、などを読み取ることである。環境構成と合わせて間接的な行為といえるだろう。したがって、保育者は見守るといった間接的な態度もかかわりのひとつだとらえていく必要があろう。保育者の援助とは、こうした理解者としての役割を前提に、展開されるのである。

（2）幼児の共同作業者

　しかし、見守るだけでは子どもを理解できないことも多い。たとえば、連日、砂場でおだんごづくりをしている子どもがいたとしよう。距離をおいて見ているだけでは、来る日も来る日も同じことの繰り返しで、意味がないと考えることもあるだろう。その結果、おだんごづくりではなく、今度は山や川づくりなどをさ

せたいと考える保育者もいるだろう。

　こうしたとき，実際におだんごづくりに参加してみると，また違った見方ができるはずである。たとえば，毎日同じようにおだんごをつくっていたわけではなく，丸い形になるための工夫をしている。また，おだんごを固めるため，乾いた砂を必死に見つけ，熱心にかけていることがわかるかもしれない。こうした工夫を通して，目と手の協応が培われたり，必要なものを自分で考え，発見していく力が養われていることにも気づくかもしれない。このように，子どもと活動をともにすることが共同作業者としての保育者の役割なのである。

　さらに「教育要領資料」では，共同作業者として振る舞う際，共鳴していく姿勢も強調している。とかく子どもの活動に参加すると，保育者は教育的な観点から「もっとこうしたらいい」さらに「こうしなさい」と指示，命令をしがちである。しかし，共同作業者としての役割では，子どもの目線に立って，その思いを理解していくことが重視されている。おだんごづくりひとつをとっても，いっしょに砂や泥をこね，その感触を味わえば，子どもの興味・関心の所在が肌で感じ取れるはずである。身近にいれば，子どもの表情や手の動きなど，身体を通して表現される内容にも目が向けられるだろう。傍観的な態度で子ども理解をしないためにも必要な役割といえよう。

(3) 幼児のモデル

　幼児のモデルになるとは，保育者がある活動を楽しみ，集中して取り組む姿を示すことを指している。つまり，「先生のようにやってみたい」という気持ちを引き出すように，憧れの存在として振る舞うことが期待されているのである。これは，言葉がけを中心にした指導とは異なり，保育者が身体全体で楽しく遊ぶ姿から子どもを導こうとするかかわりともいえる。

　通常でも，保育者は子どもとともに生活している中で，その存在，また振る舞いが子どもに影響を与えている。それだけに，子どもとの信頼関係が深まれば，保育者が楽しんでいる場面はその輪に参加していない子どもからも魅力的に見えるだろう。その結果，「入れて」と仲間入りする子どもも出てくる。このように，保育者が意図する活動に子どもが自発的に参加するための方法としてモデルとしての役割が位置づけられているわけである。もちろん，遊びに誘い，導くだけでなく，善悪の判断といった規範意識，いたわりや思いやりといった道徳性の芽生えを培ううえでも，このモデルとしての役割は重要となろう。保育者が日ごろ，何気なく振る舞っていることを見直すきっかけにもなろう。

(4) 遊びの援助者

　遊びが停滞していたり，問題を抱えている場合には，その遊びをすすめたり，問題解決を促す援助も必要となる。これを支えるのが，遊びの援助者としての役

割である。

　もちろん，遊びが停滞しているかどうか，また問題があるかどうかの判断を行うのは保育者である。その意味で，遊びの援助は，活動の理解者としての役割を十分に果たしたうえで行われねばならない。さらに，指導ではなく援助であるということに留意し，直接かかわるとはいえ，保育者がすべて手伝ったり，指示や命令を与えることがないようにすることも大切である。つまり，子ども自身が問題解決できるようにヒントを与える程度にとどめることがポイントとなるのである。このことは，遊ぶ主体が子どもである限り，当然であろう。

　時に，保育者が遊びに参加すると，主役の座を奪い，保育者のペースですすめてしまうことが多い。その影響で，保育者が遊びを抜けると，遊びそのものがなくなってしまうこともみられる。遊びの援助者としての役割はそうではなく，あくまでも子どもが遊びの主人公であり，子どもの自立心を高めるために行うかかわりなのである。

(5) 幼児のよりどころ

　以上，4つの役割を機能させる前提として重視されているのが，子どもが精神的に安定するためのよりどころとなることである。保育現場が，幼い子どもが保護者から離れ，ある一定の時間，生活する場である限り，当然の役割といえよう。

　この役割は，これまでも信頼関係をつくるといった表現で強調されてきたものである。ただ，信頼関係をつくるとはいっても，時に保育者からの一方的な思い込みだけで接するケースも見られた。こうした現状に対して，あらためて子どもをありのままに受け止め，そのよさを認めつつ，1人ひとりに心を砕くことが必要となる。子どものよりどころとなるとは，まさに，そうした役割を担うことを求めているのである。保育者が子どもの多様な感情に共感し，それに応答することを通して信頼関係をつくることが求められているのである。

　これまで，保育者の5つの役割を述べてきた。しかし，それぞれはバラバラに存在するのではなく，有機的につながって展開されるものである。したがって，保育者は各役割の関連性を考えながら，子どもの状態に応じて，臨機応変に自分の身のおき方を判断していかねばならない。

　また，実際の保育の中では，この5つの役割以外にも，さまざまな役割があるだろう。言い換えれば，5つの役割を視点としてもっていれば，そこにあてはまらない役割も見い出せるだろう。5つの役割にしばられることなく，そこを活用し，個と集団の育ち合いを支えていってほしいものである。

【参考文献】

小川博久『保育援助論』生活ジャーナル，2000

岸井勇雄編著『改訂　幼稚園教育要領の展開』明治図書出版，1989

桑原昭徳『間接教育の構造』ぎょうせい，1994

佐々木正人『アフォーダンス』岩波書店，1994

内閣府・文部科学省・厚生労働省『「幼保連携型認定こども園教育・保育要領，幼稚園教育要領及び保育所保育指針の中央説明会」資料』2017年7月

柴崎正行編著『保育における発達の探究』相川書房，1996

仙田満『こどものあそび環境』筑摩書房，1984

高杉自子・野村睦子監修『新幼稚園教育教育要領を読み取るために』ひかりのくに，1989

Bronfenbrenner, U.:*The ecology of human development*. Harvard University Press, 1979

J. ホイジンガ　高橋英夫訳『ホモ・ルーデンス』中央公論社，1973

第3章 子どもの発達と自然環境

〈学習のポイント〉
①自然環境とのかかわりを通して育つものはなにかを考えてみましょう。
②保育の中で季節感を感じることはどのような意味をもつのか考えてみましょう。
③飼育・栽培の意義を理解しましょう。
④あなたの身近な自然を見る目を養ってみましょう。

1. 自然環境へのかかわりを通して育つもの

　乳幼児は，自然環境とのかかわりを通してはかり知れない多くのものを学ぶ。そこで，保育者は，乳幼児がいかに自然環境にかかわるか，その視点に立って保育を展開していくことが大切といえる。たとえば，繰り返し自然環境にかかわるようにしていけば，子どもたちはやがて，親しみをもち，変化に気づくようになっていく。
　ここで，筆者（寺田）が以前，保育士として勤務していた東京都内保育園3歳児クラスのようす（事例3－1～4）を紹介する。まず事例3－1は，モンシロチョウの孵化のようすを子どもたちと観察した後の子どものようすである。

> **事例3－1　子どもたちのもつ「センス・オブ・ワンダー」**
> 　幼いときから，絵本の読み語り聞かせを十分に受けて育つと語彙が豊富になるといわれているが，そのことを実感した3歳児クラスの事例を「クラスだより」より抜粋して紹介する（※登場する「私」は，筆者のことである）。
>
> 　6月，赤かぶの葉に付いた青虫を発見すると，隣の幼児クラスの若い保育者は「苦手なんです。見ているだけで鳥肌が立つんです」と逃げていった。
> 　私が，「どうしようか……」と，子どもたちに尋ねようとしていると，1人は倉庫に飼育ケースを取りに，ほかの子は給食室に行き「おばちゃん，キャベツちょうだい！」と，すでに交渉していた。
> 　その姿を微笑ましいと私は感じながら，子どもといっしょに飼育ケースに青虫を入れ，観察を始めた。やがて，子どもたちは「むし」の図鑑と見比べ，絵本『はらぺこあおむし』（エリック・カール・作・絵／偕成社）を持参して，うたを歌い出したりしている。
> 　このような姿は，通常4歳児後半～5歳児ごろに見られる行為である。自ら絵本を選択し，見て，触れて，感じ，青虫に話しかける子どもたちは，赤かぶと，青虫，

絵本と体験とのつながりを感じているのではないだろうか。
　6月下旬，羽化したモンシロチョウを初めて見る3歳児たちは，感激のあまり目を丸くしながら観察し，飛び立っていくチョウに「元気でね。また遊びにきてね」と，空を見上げて手を振り続け，見送った。ところが，2日後の正午，そのチョウが遊びにきたらしく，保育室の窓から入り，蛍光灯に止まった。
K：「"はらぺこあおむし"のチョウチョがきたよ」
Y：「この前のチョウチョがやってきたんだ」
T：「どうして，やってきたのかな？」
N：「みんなに，会いたいってきたんじゃない？」
M：「雨がいっぱい降っているからかな？」
T：「ねえチョウチョさん，お腹すいていない？」
A：「これ，あげるよ」（自分の給食の白飯を指す）
O：「違うよ，キャベツが好きなんだよ」
E：「ニンジンも好きだよ」
私：「青虫のときはね。でも，いまは，花の蜜が好きなのよ」
B：「じゃ，どうして，あそこ（蛍光灯）にいるの？」
私：「どうしてだろうね，暖かいからかな？」
N：「おんも寒いの？」（心配そうにチョウを見つめて）
K：「ねえ，ねえ，チョウチョさん，寒いのー？」
　クラス全員がチョウとの会話を楽しみ，個々が自分で感じたことを模倣ではなく，自分の言葉で表現している。
　そして，お昼寝明けのことである。
M：「チョウチョさん，あんなとこにいる」
H：「先生，ほら，あそこだよ，見て見て」（指差す）
　私にはどこを探しても見えないが，子どもたち全員が「ほら，あそこだよ！」と，同じ方向を見ている。
　私は「困った，どうして見えないのかしら？　全員が確信をもった表情で言っているし……」と思い，いろいろな角度から覗いてみたが，やはり見つからない。そこで，ほうきの先で蛍光灯を指し，「どこなの，ここ？」と，やっと発見した。蛍光灯の取りはずし付近の黒くなったところで，じつは中身はほこりであるが，子どもたちには，蛍光灯の中にチョウが入って，羽を休めているかのように見えたのである。
　すると，突然，Tちゃんが泣きながら，「寺先生，早くチョウチョさん出してあげて。死んじゃうよ，かわいそうだよ」と言い，Mちゃんも涙を浮かべた。
　そこで私は，「大丈夫よ。チョウチョさんはみんながお昼寝しているとき，みんなに『ありがとう，よろしくね』って言って，この窓から飛んでいったよ。だから，この中（蛍光灯）にはいないよ。死んだりしないから，平気だよ。きっと，お空から，みんなのことを見ているよ」と話すと，ようやく全員がうなずいた。

情緒豊かで，思いやりの強い子どもたちの成長を感じ，ゾクゾクするくらいにうれしい思いである。同時に，「子どもには見えても，おとなには見えないものがたくさんあるのだということや，子どもたちの心の語り」に気づけてよかったと，しみじみ感じた。子どもたちとの感動体験があり，本当に楽しい毎日である。

▲「チョウチョはこんなふうに飛んでいったんだねー」

▲左側，ガラス戸の向こうは園庭　　（ケース）

　このとき筆者が一番感激したことは，全員が自分の思いを自分なりの言葉で表現していることである。このクラスは，3年間，絵本の読み聞かせを十分に受けた子どもたちである。そのような体験がない子どもとでは，感性や表現力の違いが出るなどの影響が見られると，その後の追跡研究（寺田，2004）からも感じる。

　たまたま出会った1匹の青虫であっても，保育者が「どうしようか」と取り上げたことによって，子どもが生き物と向き合う大切な教材となった。子どもは，小さな生き物と向き合うと，その生態に興味や関心を抱き，大きく心を動かされ，活動を始める。そのとき，子どもは考え，思い巡らせ，イメージを沸き立たせ，それがメタ的言葉＊を動かし，表現となって，人の輪を紡いでいく。

　このチョウの生きざまを語り合うことや，子どものつぶやきを保育者がつないでいく中に，非常に大切な意味があるように感じる。3歳の子ども同士のつながりを「チョウが橋渡しした」ことで，それに気づくことができた。チョウを大切にする心の学びは，取りも直さず，人を大切にする心の学びだからである。保育者には，こうした生き物や植物などの素材や教材を子どもに整えていこうとする心が必要であり，そのような発想で環境を構成することが求められる。

　子どもたちのつぶやきに耳を傾けていると，レイチェル・カーソンの最後のメッセージである『センス・オブ・ワンダー（神秘さや不思議さに目を見張る感性）』の世界＊＊と重なってくる。そのような感性を育むためにも，保育者自身が，自然を大切にする心や感性を，いつまでももち続け，子どもたちに伝えていくことが必要である。

＊言葉を自由に操れるようになるにつれて，新しい言語能力が現れてくる。それは，今まで無意識に習得してきた自分自身の話し言葉そのものに，興味や関心が向いてくるということである。これは，メタ言語能力（metalinguisti-cability）とよばれるもので，すなわち，無自覚的に使っていた言語のシステムそのものを意識的，分析的な対象として取り扱う能力を獲得してくるのである。

＊＊レイチェル・カーソン『センス・オブ・ワンダー』新潮社，1996

このように，子どもの積極的なかかわりを可能にすることは，保育者としてとても重要なことといえる。この「青虫を飼いたい」と，つぶやいた子どもの心を受け止める保育者の姿は，やがて子どもの「探す」「見つける」「集める」ことへの意欲につながる。
　筆者（寺田）は，茨城県下館市という田舎町に生まれ，カエルやザリガニ，アゲハチョウなどを捕まえ，シロツメクサ，ナノハナ，レンゲソウを遊びの材料として育ったためか，昆虫や草花と会話する生活はごく当たり前のようにして過ごしてきた。その生育歴を今は感謝しているが，前述したように，自然環境との繰り返しのかかわりによって，やがて愛着をもち，変化に気づくようになっていったのではないだろうか。
　最近，若い保育者や学生，そして園児の親の中には「青虫，キャー，だめなの」と，飛び上がらんばかりに驚き，顔を覆い，中には奇声を発する人もいるが，子どもの思いを代弁するなら，「もっと知りたい，かかわりたい」「ねえ，先生（お母さん），飼ってもいいでしょ」というのが，本音なのではないだろうか。

　事例３－２は，アゲハチョウの"はらぺこあおむし"を観察して，８月28日にサナギになり，その１週間後の９月４日にチョウになり，保育室をひと回りして，そとに飛んでいくようすを観察した記録である。

> **事例３－２　白紙に虹とチョウを描く子のつぶやき**
> 　再び蛍光灯にチョウが止まる姿があり，「チョウチョさんは，あそこが好きなんだね」と，子どもたちがつぶやく姿が見られた。
> 私：「どうしてなのかしらね」
> Ｔ：「みんな（３歳児）といたいんだよ」
> Ｋ：「お母さんを探しているのかな」
> Ｓ：「うん，お母さんいないよ……って。寂しいんじゃない」
> 　『むし』の図鑑を見ながらチョウと見比べる子は４人で，『はらぺこあおむし』を見る子は３人，そして，白紙にチョウを描きはじめる子は９人であった。
> 　このように，子どもの反応は実にさまざまである。その描いた絵はとても興味深く，描いた後にいろいろな思いを聞かせてくれた。
>
> Ｋ：「あのね，チョウチョさんがお空に飛んだら，虹が出たの……」

　Ｋは，「チョウを逃がした日は雨が降っていたため（その直後に描いているために），晴れた日に逃がしてやりたい」と思ったのかもしれない。そして，筆者が窓を開けるときに，「雨が降っているけれど，気をつけて飛んでいってね。ま

た，遊びに来てね」と，言葉を添えたことが耳に残っていたようだ。

　Kは，感受性豊かな子であるため，担任の言葉を想起しながら，思わずつぶやいたチョウへの思いと，空と虹への自然環境への憧れと親しみからの描画表現なのかもしれない。

　そこで，事例３－３・４に，さらに描画の例について紹介する。

事例３－３　描画：四角いオレンジ色の枠の中にいるチョウ
E：「氷の中に，チョウチョさんがいるの……」
私：「どうして？」
E：「あのね，だってね，いなくなるの，いやなの」
私：「Eちゃんは，氷の中にチョウチョさんがいれば，ずっと見ていられると思ったの？」
E：「うん。だってね，E，チョウチョさん好きなの」

　Eの理解度が高いため，「氷の中（四角いオレンジ色の枠の中）でなら，標本化され，ずっと見ていられる」と感じたと思われる。また「もっとチョウチョと一緒に過ごしたかった」とも感じているからこそのつぶやきだとも思われる。

事例３－４　描画と積み木
　Hの描画には，チョウはケースの中にいて，そのケースを持っている人が描かれている。そばには小さいブロックが置かれ，ケースと中にいるチョウに見立て，囲いがある。
H：「あのね，ケースの中にチョウチョさんがいるの。それでね，それをね，ここから，見ているの（ケースを持った人を指す）。じーっと見ているの……。チョウチョさんはね，ケースから出たいよ，出たいよ……って言ってるの」

H：「あのね，Hちゃんも，お母さんも見てるの。お兄ちゃんも，お父さんも」

　Hも，ケースの中で羽を動かして，そとに出たがっていたチョウのようすを実によく観察している。しかし，チョウは出たいけれど，自分のそばにはまだいてほしかったのだろうと感じる。

　そして，描画には家族の顔が添えられていたため，家族で沖縄昆虫博物館に行ったことを想起していたのかもしれない。

　以上，事例３－１～４を通して，モンシロチョウやアゲハチョウとのかかわりの中で３歳児がつぶやき，行動した例を紹介した。これらの事例から推察できることを以下に示してみよう。

（1）保育者は，子どもたちが活動の焦点をたくさんつくれるように保障すること

具体的には，子どもが遊び，つくってみる，そして，知識提供によるおもしろさや不思議さを発見するチャンスをもてるように保育をデザインしていくことが大切である。保育者は，新たな生命の誕生に子どもが感動する機会を多く与えたいものである。

事例3－1～4は，観察中の赤かぶの茎についた30匹の青虫からモンシロチョウが誕生し，その話を「クラスだより」で紹介したことが保育園の近所の方に伝わり，その方がアゲハチョウの青虫を見つけ，園に届けてくださったことがきっかけで，このような保育展開が生まれた事例である。

その後も，子どもたちと一緒にお礼の挨拶に出かけたり，散歩時には庭先のたくさんの草花や昆虫を観察させていただいた。幼児期の終わりまでに育ってほしい姿の「社会生活との関わり」や「自然との関わり・生命尊重」を意識する場面である。地域の方の見守りは，本当にあたたかいと感じ地域連携していく必要性も新たにした。

子どもたちが自然へのかかわりを通して育つとき，子どもたちは同時に多くの「人的な環境」ともかかわりをもつものである。つまり，どのような豊かな自然がそこにあっても，その環境を生かし，子どもと向き合えるような保育環境をつくり上げるかどうかは，保育者にかかってくるのである。

（2）自然へのかかわりを通して子どもたちに気づかせたいこと

ここで，前述してきた同じクラスの子どもたちがジャスミンの花の香りに気づいていく事例を紹介したい。以下は，当時の「クラスだより」からの引用である（登場する「私」は筆者であり，担任していたときのものである）。

事例3－5　ジャスミンの花についての報告

幼児期は，臭覚感覚や触覚感覚が身につき難いのだそうである。日々の保育の中で，触覚教育はねん土遊びや泥んこ遊びなど，毎日なにかしら取り組んでいるかと思うが，臭覚教育はほとんどしていないことに気づいた。そこで，子どもたちへの気づきの喚起になる保育を試みることにした。

わが園は草花が豊富で，ジャスミンの花が園庭，裏庭などに咲きみだれていた。朝，2輪摘んで，保育室中央の扇風機の下につるしてみた。私は入室すると，「いいかおり」と気づくのだが，残念ながら，子どもたちからは聞かれない。

翌日はもう少し数を増やして，棚にも2本飾り，子どもたちからの気づきを待ってみた。しかし，反応はない。そこで昼食タイム，ワゴンが運ばれて来るときに，「なにか，においがしない？」と，声をかけてみると，「スープ」「オレンジ」「スパゲティ」と，口々に答えが聞かれた。さらに，「ほかにもなにか……いい香りがしない？」と言うと，「このお花」と，えりこちゃんが後方の棚を指して言う。

すると，扇風機の下のジャスミンを指して，かなみちゃんが「これもいい香り」とつぶやき，数名もその言葉に引き寄せられたようである。
 「そうね，ものには，いろいろなにおいがあるんだね」と言うと，えりこちゃんは「スプーンのにおいがするよ」と，スープを食べながら話した。
 今後も，子どもの気づきを大切にした保育ができたらいいなと思う。
 3日後のことである。ジャスミンの花が咲きみだれている裏庭で，サツマイモの苗を植え，赤かぶの種をまき終えた後，「なにかにおいがしない？」と私が尋ねると，そこにいた全員が「この花」と，ジャスミンを指して言った。かなみちゃんは「ほら，この間，先生がお部屋で見せてくれたあれ，あのにおいだよ」と，つぶやいた。
 やはり，戸外でたくさん咲いているときに声をかけたほうが効果的であったのだろうなと感じた。
 そこで，私が花を摘んで蜜をなめてみると，ちふみくん，こうたくんが「僕も」とやってきた。それから，大き目のつるを取って中央に置くと，あやちゃん，かなこちゃん，さいかちゃん，ひなちゃんが「私も……」と，次々に自分で花を取ってなめてみた。はなちゃん，かなみちゃん，さちちゃんも加わり，つるがうまく取れないと，友だちどうしで引き合い，協力しながら花を取り，結局，全員がうれしそうに「甘いね……」と言ってなめた。
 さらに，その後，
① えりこちゃん，ひなちゃん，あかねちゃん，あやちゃんは，自発的にその花をお椀に入れ，水を張り，ままごと遊びを始めていた。

▲ジャスミン見つけた

▲ジャスミンの花の蜜をなめている

▲ジャスミンを使ってジュースを作成。ままごと遊び

> ② ありさちゃんとちふみくんは，バケツの中に水とジャスミンの花を入れてグルグルかき回し，「ジュース屋さんですよ……」と，ジュース屋遊びを展開した。
> 　保育者は見守っていただけであるが，①②ともに子ども自らの主体的行動として，次々に子どもたちが遊びを自分たちの発想で広げていく姿が見られた。
> 　次の日，お休みしていたかずくんとこうたくん，はるひこくんも赤かぶの種をまき，「早く芽が出るといいね」と，期待しているようである。もちろん，"ジャスミン遊び"も楽しそうにしていた。

　この事例のように，五感の中でも，臭覚に気づけるような配慮は，意図的には少ないように感じる。だからこそ，自然と意図的にかかわることの必要性を感じる。
　また自然とのかかわりを通して，生き物と場の生態学的な依存関係や，自然の変動性，季節の変化や時期による違いやタイミングなどを，保育者は子どもたちに伝えていきたいものである。

2.「出会い」そして「感じる」環境としての自然環境

1 自然に出会うこと・感じること

　第1節で事例を通して述べてきたことを整理すると，子どもたちにとって自然環境は「出会い」，そして「感じる」環境である。私たちの住む日本は，春夏秋冬の四季があり，夏と冬では気温も大きく違う。そのため同じ自然環境といっても，夏と冬とでは園の内外で見られる動植物にも違いがある。そのように自然環境は季節による変化があるので，私たちはその季節折々の動植物や自然現象に出会い，変化に気づき，さまざまなことを感じるのである。
　たとえば，あなたにとって，次のような環境とはどのような自然環境だろうか。
①「春（夏・秋・冬）に出会ったなぁ，春（夏・秋・冬）を感じるなぁ」という自然環境は，どんなもの（とき）か？
②季節の移り変わりを感じる自然環境は？
③不思議だなぁ，すごいなぁと感じる自然環境は？
④生命力・生命感を感じるなぁと思える自然環境は？
⑤小石，砂粒，土，水，草花など素朴だけれども不思議な魅力のある物（自然環境）は？
　桜の花が咲くことによって春を感じたり，ヒマワリやアサガオの種ができる時期に「もう夏も終わって，そろそろ秋だなぁ」と感じたり，ウサギの赤ちゃんの誕生に偶然出会って生命の誕生の神秘を感じたり，セミの鳴き声を聞いたり捕ま

えたりして夏を感じたり，紅葉を見て秋を感じたり，落ち葉がどんどん増えてくるようすから冬を感じたり，水たまりに氷が張っていたり，雪が降ってきたりすることから「やっぱり冬だなぁ」と感じることもある。そしてまた，夢中になって小石を拾っているときに宝石のようにキラキラ輝くきれいな小石を見つけて（小石に出会って）感動したりという経験はないだろうか。

このように考えていくと，私たちの身のまわりにある自然環境は，ふとしたことがきっかけで出会い，あるいは宝石のような小石を探すように意図的にかかわる（探索する）ことによって「出会う」環境といえるだろう。そして，それら自然環境との出会いは，絶えず自分の情動（うれしい，きれい，やった！ 見つけた！ といった感動的な気持ちなど）が伴った「感じる」環境といえるであろう。

たとえば，4月生まれの3歳児の子どもたちは，3歳の夏には，0歳，1歳，2歳そして3歳というように4回目の夏を迎えることになる。その間，1歳のときには1歳なりの，2歳のときには2歳なりの夏の暑さやトマトなどの季節の食べ物などに出会ってきたり，戸外ではアサガオやヒマワリなどの草花にも出会ってきたはずである。そして，3歳の夏は成長した分だけその前年とは違ったかかわり方や自然に対する認識をもつことができる。このことを考えたとき，保育者の役割としては第1節でも述べたことであるが，自然環境との出会い方や感じるという体験をいかに準備したり，環境構成したりできるのかということが重要である。

そのための準備や環境構成としては，「幼稚園教育要領（以下「教育要領」とする）」や「保育所保育指針（以下「保育指針」とする）」および「幼保連携型認定こども園教育・保育要領（以下「教育・保育要領」とする）」の領域「環境」において，「幼児期において自然のもつ意味は大きく，自然の大きさ，美しさ，不思議さなどに直接触れる体験を通して，幼児*の心が安らぎ，豊かな感情，好奇心，思考力，表現力の基礎が培われることを踏まえ，幼児*が自然との関わりを深めることができるよう工夫すること」（教育要領；内容の取扱い）と，あるように，「子ども（園児）が自然とのかかわりを深めるにはどうしたらよいか」ということを考えなければならない。

＊「保育指針」では「子ども」，「教育・保育要領」では「園児」と記されている。

2 保育環境としての自然環境

それでは，自然環境にはどのようなものがあるだろうか。植物・動物も自然環境であるが，図3-1のように「砂や土」「川や水たまりや池」，そして「自然現象」も含めて，乳幼児にとって自然環境として考えることができる。たとえば，植物は，アサガオやミニトマトなど自分たちで育てていく植物もあれば，園庭や道端や公園に咲く草花やさらには樹木といった植物もある。前者は乳幼児自身が

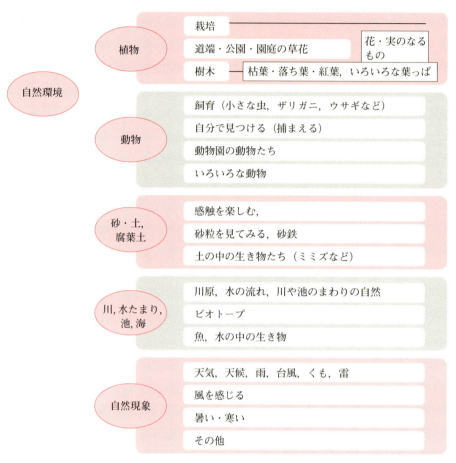

図3-1　保育環境としての自然環境

自分たちの手で育てていくのだという栽培の目当てをもっての活動につながる自然環境であり，後者は，（保育者の意図があったとしても）偶然，乳幼児自身がそれらに出会う（それらを見い出す）ような自然環境である。

図3-1は，広義な視点で自然環境をとらえて，保育環境としてどのようなものが考えられるかをまとめたものであるので，ビオトープ*も含めている。

神奈川県の安部幼稚園園長の安部富士男**（1989）が「感性・感情・意欲の系の発達と認識・操作の系の発達が結合するところに，人格の発達の筋道がある」と述べているが，自然環境と出会い，感じ，さらに幼児自ら自然とのかかわりを深めるような保育の展開は，まさに「感性・感情・意欲の系の発達」を促すと同時に，「認識・操作の系の発達」の発達を促すことにもつながる。そのことが，幼児期に，自然環境と直接向き合うことの意味になるのではないだろうか。

*ビオトープ（Biotop）は，ギリシャ語の「bio」（生き物）+「top」（住むところ）という言葉が語源で，人間が生活し活動しているところで生き物たちが住むところという意味である。近年，とくに環境教育の立場からの取り組みから，園や小中学校などで，生態系を考慮してつくられた学校の庭や沼地などを指して使われることが多く，注目を浴びている。

**安部富士男『感性を育む飼育活動』あゆみ出版，1989

3. 季節感を感じる保育の展開

1 子どもたちが自然に出会い，季節を感じるとき

　子どもたちが自然に出会い，季節を感じるときには，「①偶然に，虫や植物などの自然に出会って季節を感じる」「②保育者の意図（園内の環境構成や園外保育・散歩など）によって自然に出会って季節を感じる」といった場合が考えられる。①の場合は，子どもたちが園庭でたまたまセミを捕まえたことから夏を感じたり，水たまりに氷が張っているのを見つけて冬を感じたりといった偶発的な出会いである。また②の場合は，第1節の事例3－1のような保育者の意図があったり，どんぐりのなるころに合わせて，どんぐりの木がたくさんある雑木林に園

表3－1　季節と動植物・自然界

季節	暦の区分	二十四節気による区分*	天文学上の区分*	（小）動物	植物	自然界・自然現象
春	3，4，5月	立春から立夏まで	春分から夏至まで	テントウムシ，アオムシ・ケムシ，カエル，シジュウカラ，ツバメ，ヒバリ	タンポポ，ツクシ，チューリップ，サクラ，竹の子	植物の芽吹き，サクラが散る
夏	6，7，8月	立夏から立秋まで	夏至から秋分まで	カタツムリ，アメリカザリガニ，セミ，カブトムシ，クワガタ，コウモリ	ツツジ・サツキ，アジサイ，ヘクソカズラ，ヤマゴボウ，ハルジオン・ヒメジオン，ミニトマト，キュウリ，トウモロコシ	梅雨，虹，入道雲，夕焼け
秋	9，10，11月	立秋から立冬まで	秋分から冬至まで	コオロギ，バッタ，キリギリス，クモ，ミノムシ，モズ	エノコログサ，ヒガンバナ，キンモクセイ，ドングリ，カキ・ブドウ，秋の七草，カエデ，イチョウ，クリ・シイの実，サツマイモ	台風，夕焼け，落ち葉
冬	12，1，2月	立冬から立春まで	冬至から春分まで	虫たちの冬越し，カモ，ムクドリ	ツバキ，サザンカ，マツボックリ，冬芽，春の七草	落ち葉，干し柿，氷，雪，霜，霜柱
		立春：2月4日頃 立夏：5月6日頃 立秋：8月8日頃 立冬：11月8日頃	春分：3月21日頃 夏至：6月21日頃 秋分：9月23日頃 冬至：12月22日頃			

*二十四節気（にじゅうしせっき）と天文学上の区分は，季節の行事に関係深い。二十四節気は1年（365日）を24等分したもので，暦の上では2月4日ごろの「立春」が春の始まりである。同様に，夏・秋・冬の始まりが立夏・立秋・立冬である。四季の季節の変わり目（前日）を「節分」というが，現代では立春の前日だけが，豆まきの行事の「節分」として残っている。また唱歌の「茶摘み」（夏も近づく八十八夜…）は，立春から数えて88日目（5月2日ごろ）にあたる。春分・夏至・秋分・冬至も二十四節気のひとつであるが，春分（秋分）の日は太陽が真東から出て真西に沈み，昼夜の時間がほぼ同じである。夏至は北半球では昼がもっとも長く夜がもっとも短くなり，太陽の南中高度がもっとも高くなる。冬至はその逆である。

外保育に行ったりすることで出会うことから季節を感じることになる。

　教育要領，保育指針，教育・保育要領の領域「環境」の「内容」において，「自然に触れて生活し，その大きさ，美しさ，不思議さなどに気付く」「季節により自然や人間の生活に変化のあることに気付く」とあるが，気づくためには，その前に「出会い」が必要であり，そのためのきっかけづくりが保育者の仕事である。

　そこで，表3－1として各季節の特徴となる動植物・自然現象などの一覧表を示すので，参考にして自分たちの住む地域に合わせてこのような表をつくってみるとよい。

　季節感を感じる保育のためには，表3－1を参考にして，子どもたちがその時期に偶然に出会うかもしれない自然環境に対してアンテナを張っておくことが必要であり，また同時に保育者自身が意図的に環境構成を行うことも必要である。また，日本は沖縄から北海道まで南北に細長い島国だからこそ，桜の開花時期も違えば，日の出・日の入りまでの時間も大きく違い，また咲いている草花にも違いがあったりする。そのような地域差を考えると，このような表だけではなく，図3－2のような自分の園独自の「園内の自然環境マップ」や「地域の自然マップ」といった地図を作成すると効果的である。

2　季節感を感じる保育の実践

　「春を見つけよう」「秋を見つけよう」というテーマが与えられとき，読者はどのような「春」や「秋」を見つけることができるだろうか？

　だんだん暖かくなり，雪がとけ，草木が芽吹きはじめる3月，小さな草花が咲きはじめ，桜が咲きはじめる4月，野山や空き地を見ると緑が一面に広がる5月というように，時期によって春の感じ方は違う。秋も同様である。

事例3－6　はるさがし　　　　常磐会短期大学付属常磐会幼稚園（大阪市）

　4歳児クラスの3月のある日，担任保育者がネコヤナギの木（細かい毛で被われた花の穂がついているもの）を持ってきた。多くの子どもたちは初めてネコヤナギに触ってみて，その感触を楽しんでいた。「触ったらふわふわしている，ほんとのネコみたい！」と，何度も何度も触りながら，その感触を確かめる子どももいる。また，「これ，見たことがある！」「園に来る途中で見た！」という子どもたちも出てきた。そこから，子どもたちのネコヤナギ探しが始まった。

　園庭のあちこちの木の芽を見に行っては，

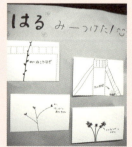
▲その後の「はるさがし」で，梅のつぼみ（はっぱのあかちゃん）が少しずつ膨らんでくるようすを絵にしたもの

3章 子どもの発達と自然環境

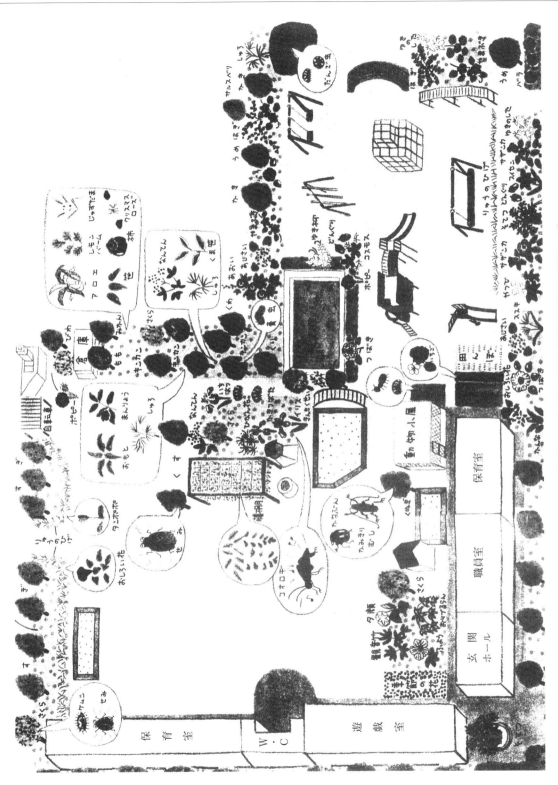

図3-2 園内の自然環境マップ（常磐会短期大学付属常磐会幼稚園の例）

「これ、ネコヤナギじゃないね」「でも、これおもしろい」などの声も聞かれた。ネコヤナギの木を探すことがもともとの目的なのだが、園庭に出てからは、いろいろな木の芽吹きのようすを見ることにいつの間にか夢中になっている。中には保育室に戻って図鑑を持ってくる子も出てきた。

そこで、担任保育者は「もうすぐ春やなぁ」「もうすぐ春やから、木の芽もふくらんできてるねぇ」と、子どもたちに聞こえるようにつぶやいてみた。そしてこのことがきっかけとなって、ほかに春を感じられるものを探してみようという「はるさがし」が始まった。

この事例は、保育者の持ってきたネコヤナギがきっかけとなって始まった活動である。いろいろな木の芽吹きのようすを見ることにいつの間にか夢中になり、そこから子どもたちの主体的な活動として、「はるさがし」が始まった。これまで述べてきたように、保育者自身の自然に対するものの見方や、子どもと自然のかかわり（出会い方）についての保育者としての意図があったからこそ、このような活動が生まれたと考えられる。

またこの事例には、子どもたちの「気づき」「発見」がたくさんある。「触ったらふわふわしている、ほんとのネコみたい！」という気づき、「これ、ネコヤナギじゃないね」という気づき、そして「でも、これおもしろい」という子どもなりの発見がある。このような「気づき」や「発見」を保育者が受け止めることが、さらに次の「気づき」を促すことにつながる。

3 季節を感じる保育の年間の見通し

保育は目の前の子どもたちの姿を出発点として、保育の計画を立てることが重要である。とはいっても、季節は春夏秋冬と順にめぐってくるものであるから、どのようなことと出会う可能性があるかとか、保育者として「この年齢のこの時期の子どもたちには、このようなねらいをもって、このようなことに出会わせたい」といった年間の計画があることによって、子どもたちとの活動の見通しが立てられるという側面もある。

◀多夢の森こども園
　園内のようす

表3−2（1）　全体的な計画（自然）

自然との日常的な関わり（一部，筆者により改変）　　　　　　　　　　　　　　　社会福祉法人　みかり会

	乳児期	幼児期（前期）	幼児期（後期）
ね ら い	・身の回りのものや親しみの持てる小動物や植物を見たり，触れたり，保育士から話を聞いたりして興味や関心を広げる。 ・身近な動植物や自然事象に親しみ，自然に触れ十分に遊ぶことを楽しむ。	・身近な動植物に親しみ，それらに関心や愛情を持つ。 ・身近な動植物に関心やいたわりの気持ちを持ち，世話をする。	・身近な社会や自然事象への関心が高まり，様々なものの面白さ，不思議さ，美しさなどに感動する。 ・身近な動植物に親しみ，いたわったり，進んで世話をしていく中で愛情も持つ。 ・身近な事物や事象に積極的に関わり，見たり扱ったりする中で，その性質や数，量，形への関心を深める。 ・身近な社会や自然の環境に自ら関わり，それらと自分達の生活との関係に気づく。
内 容	・身の回りの小動物，植物，事物などに触れ，それらに興味，好奇心を持ち，探索や模倣などをして遊ぶ。 ・自然や身近な事物などへの興味や関心を広げていくに当たっては，安全や衛生面に留意しながら，それらと触れ合う機会を十分に持つようにする。また，保育者がまず親しみや愛情を持って関わるようにして，子どもが自分からしてみようと思う気持ちを大切にする。 ・身近な動植物をはじめ自然事象を見たり，触れたりなどして驚き，親しみを持つ。 ・身近の様々なものに興味を持つので，その興味，探索意欲などを十分に満足させるように環境を整え，保健，安全面に留意して意欲的に関われるようにする。	・身近な動植物の世話を楽しんで行い，愛情を持つ。 ・動植物の飼育や栽培の手伝いを通して，それらへの興味や関心を持つようにし，その成長・変化などに感動し，愛護する気持ちを育てるようにする。 ・身近な動植物に関心を持ち，いたわり，世話をする。 ・飼育・栽培を通して，動植物がどのようにして生きているのか，育つのか興味を持ち，生命が持つ不思議さに気づくようにする。動植物と自分達の生活との関わりに目を向け，それらに感謝やいたわりの気持ちを育てていくようにする。	・自然事象が持つ，その大きさ，美しさ，不思議さなどに気づく。 ・生活の様々な面を通して，自然や社会の事象に対して，好奇心や探索心を満たすことができるように配慮する。 ・身近な動植物に親しみ，いたわったり，進んで世話をしたりする。 ・動植物の飼育や栽培の手伝いを通して，自分達の生活との関わりに気づき，感謝の気持ちや生命を尊重する心が育つようにする。 ・自然事象の性質や変化，大きさ，美しさ，不思議さなどに関心を深める。 ・社会や自然の事象を直接的に体験できるようにし，必要に応じて視聴覚教材などを活用して，身近な事象をより確かに理解できるように配慮する。 ・季節により人間の生活に変化があることに気づく。 ・季節により自然に変化があることを知り，それについて理解する。 ・社会や自然の事象を直接的に体験できるようにし，身近な事象をより確かに理解できるように配慮する。

表3-2（2）　指導計画（幼児期前期）

年のねらい
・身近な動植物や自然事象に親しみ、自然に触れ十分に遊ぶことを楽しむ。
・身近な動植物に親しみ、それらに関心や愛情をもつ。
・身近な動植物に関心やいたわりの気持ちを持ち、世話をする。

	春	夏	秋	冬
ね ら い	・遊びを通して、季節を感じ、身近な動植物や自然事象を知る。→			
	・保育者の気づきを子どもに伝えたり、子どもの気づきを共感し、自然の楽しさを知る。→			
	・自然への興味を持ち、遊びにつなげたり、表現することを楽しんだりする。→			
内 容	・春から初夏の自然に触れ、その発見や感動を、造形・構成・身体などの遊びで表現する。		・気温の変化により過ごし方の違いを知る。→	
	・風の心地よさを感じたり、花を見つけたりすることを楽しむ。	・木や草の葉の茂りを知る。	・木々から葉が落ちることを知る。	・木々の様子が他の季節と違うことに気づく。
		・水・泥・土遊びを楽しむ。		
	・夏野菜の種・苗植えを経験する。	・夏野菜の収穫をする。		
	・積極的にテラス・園庭・公園へ出て、保育者や友達と一緒に遊ぶ。→			
	・起伏のある園庭を利用して、園庭探険をする。	・園庭にいる身近な小動物を間近で見たり、触ったりを経験する。	・どんぐりやまつぼっくり、落ち葉など、園庭で拾ったものを使って、遊びを楽しむ。	・保育者や友達を一緒に、雪の感触を味わう。
	・えさ台に来る鳥の観察などをする。	・小動物の成長や死を知る。	・落ち葉のじゅうたんや落ち葉のプールで遊ぶ。	・水たまりの氷や霜柱など、朝の寒さを感じる。
	・雑木林の木に触れてみる。	・崖や斜面の登り降りをする。	・園庭で拾ったものを宝物にして遊ぶ。	
	・園庭にブルーシートを敷き、雲の動きを観察する。			

　そこで、子どもの個々の発達状況を踏まえた保育目標が細かく示され、遊び・食事・休息の部屋が分けられているなど、機能的に環境構成を工夫している、多夢の森こども園（谷村誠理事長／兵庫県）の自然とのかかわりに関する保育の計画（自然）と指導計画（幼児期前期）の一例を、表3-2(1)、(2)として紹介するので、参考にして、自分たちの園ならどう考えるかということを検討してみていただきたい。

　この保育所は、「自然との日常的なかかわり」をひとつの基本として地形を生かし、豊かな自然の中で活動している。急な斜面や森で遊ぶ中で子どもたちは自然に体力が備わり、木の実・葉などをつかう遊びは、子どもの生活の一部である。

さらにそれだけでなく，地域の自治会の会議に園のスペースを提供するなど，地域社会とのつながりを深めるよう努めている。

また，同一敷地内のデイサービスセンターとの連携による保育に取り組んでいて，「幼老共生」の方針のもとに，かかわりたい子どもは自由にデイサービスセンターに行き，お年寄りの膝(ひざ)の上にちょこんと乗せていただき，遊んでいる。かかわりたくないお年寄りの方の意思も，もちろん尊重されている。

イベントのときだけの交流ではなく，まさに，自然体の交流である。時折，人生の先輩であるおじいちゃん・おばあちゃんから聴くお話は，ヨモギ摘みやお月見の話であったりして，耳からも季節を感じるかかわりとなっている。

4. 飼育・栽培の意義・目的

1 飼育・栽培の意義と目的

園庭の一角にウサギ小屋があったり，園庭に小さな池があってカメを飼っていたり，保育室の中でダンゴムシや金魚を飼っていたりする光景は，おそらく多くの園で目にする光景である。また，夏や秋の収穫に向けて，ミニトマトやキュウリ，サツマイモなどの食べられる植物を積極的に栽培している園の事例もよく聞く話である。

それでは，そのように動物を飼育することや植物を栽培することの意義や目的はどのようなところにあるのだろうか。

ひとつには，小学校の生活科や理科につながることであるが，成長・生長・変化していくようすを継続的に観察することを通して，「自然の変化を見る目，そして動植物を見る目を養う」という学びの側面がある。

たとえば，オタマジャクシを何匹か飼っていて，カエルに成長していくようすを観察している子どもたちのことを想像してみると，その飼育には，保育者としてどのような意義を見い出すことができるだろうか。

もしも，オタマジャクシからカエルに成長していくようすを初めて見る子どもたちが多いなら，「この足も手もない黒い生き物が，自分たちの知っているカエルになる」とはなかなか想像もつかないことである。しかし，実際にオタマジャクシから足が出てきたようすを見たときには「わぁ，足が出てきた！」「ほんとだ！」「でも，不思議だなぁ」という気持ちが芽生える。そこから，「明日はどうなっているだろう？」「次は，手が生えてくるのかな？」という予測が芽生える。これが，1つ目の意義の「自然の変化を見る目，そして動植物を見る目を養う」という学びの側面である。

また，2つ目の意義としては，自分が育てているミニトマトに毎日水やりをして生長を楽しみにし，飼っている金魚や自分たちが捕まえてきた何匹ものダンゴムシやウサギなどを世話することで，それら「動植物に対する愛着心や生命を大切にする気持ちなどの心情や感性を育てる」ということも考えられる。これは教育要領，保育指針，教育・保育要領の領域「環境」の内容において，「身近な動植物に親しみをもって接し，生命の尊さに気付き，いたわったり，大切にしたりする」（教育要領；内容(5)），「身近な動植物に親しみを持って接し，生命の尊さに気付き，いたわったり，大切にしたりする」（保育指針；内容⑤）と示され，「身近な事象や動植物に対する感動を伝え合い，共感し合うことなどを通して自分から関わろうとする意欲を育てるとともに，様々な関わり方を通してそれらに対する親しみや畏敬の念，生命を大切にする気持ち，公共心，探究心などが養われるようにすること」（教育要領；内容の取扱い），「身近な事象や動植物に対する感動を伝え合い，共感し合うことなどを通して自分から関わろうとする意欲を育てるとともに，様々な関わり方を通してそれらに対する親しみや畏敬の念，生命を大切にする気持ち，公共心，探求心などが養われるようにすること」（教育・保育要領；領域「環境」内容の取扱い）と示されていることにつながることでもある。
　2つ目の意義の事例として，事例3－7を紹介する。

事例3－7　小動物の飼育を通して，豊かな心を育んでいる園
　都内中心部の街中にある園では，子どもたちが家で飼うことのできない小動物をたくさん飼っている。ウサギ，モルモット，ハムスター，小鳥，カメ，金魚，夕方になると白鷺が池に遊びにやってくるという。
　毎年春になることを待ちわびるかのように，たくさんのカエルのペアが，冬眠から覚めて池に帰ってきてはたくさんの卵を産む。4月に新しい子どもたちが入園するころには，オタマジャクシでいっぱいになる。
　このライフサイクルの中で，子どもたちは存分に小動物と触れ合いながら，さまざまな自然の摂理を学んだり，気づいたり，生命の誕生に触れて喜んだり，命の終わりに驚いたり，悲しんだりする。
　子どもたちは，実にさまざまな自然界の事実に学んでいるのである。毎朝，レタスやリンゴの皮を袋に入れて持ってくる子，ウサギに餌をあげながらそっと心を癒している子など，まさに自分たちの仲間として付き合っているのである。「その中で，豊かな心が育っていくのだ」と，園長先生は語る。

　この事例のように，子どもたち自身が自ら，さまざまな小動物の飼育にかかわり，それらに対する愛着を感じたり，生き物の成長に付き合っていく中で，生命の誕生や死に出会ったり，感動を伝え合ったりする経験を積み重ねることが，2つ目の意義の「動植物に対する愛着心や生命を大切にする気持ちなどの心情や感

性を育てる」ということにつながる。

2 栽培活動から「食育」へ―飼育・栽培の第3の意義

　近年，野菜を育てるという栽培活動を行い，その後，それを給食のおかずとして出す取り組みも園でよく見られるようになってきている。もともと野菜を食べるのが苦手な子どもたちも，自分たちが丹精込めて育てた野菜を食べるのだから，「おいしい！」という声も聞かれるようになるというような話を聞くこともある。このような取り組みを「食育」という。

　食べることは生きることの基本で，子どもの健やかな心と身体の発達に欠かせないものだが，近年，食生活をめぐる環境の変化に伴い，朝食を抜いている子ども，さまざまな栄養素をバランスよく食べることが十分ではない子どもが増えていると指摘されている。そこで国としても，食べることの教育（＝食育）の必要性を感じ，2005（平成17）年に「食育基本法」を成立，その後2015（平成27）年に改正し，さまざまな機会に提言している。

　それを受けて，2008（平成20）年3月の保育指針の改定では「保育所における食育は，健康な生活の基本としての「食を営む力」の育成に向け，その基礎を培うことを目標」とする「食育の推進」が位置づけられている。具体的には「食育のねらい」「食育計画の作成」「食育のための環境」「特別な配慮を含めた1人ひとりの子ども（体調不良，食物アレルギー，障害のある子どもなど）への対応」の4つの事項に留意して推進することが示されている。そのねらいは「子どもが生活と遊びの中で，意欲を持って食に関わる体験を積み重ね，食べることを楽しみ，食事を楽しみ合う子どもに成長していくことを期待するもの」と示され，そのための環境づくりとして「子どもが自らの感覚や体験を通して，自然の恵みとしての食材や調理する人への感謝の気持ちが育つように，子どもと調理員との関わりや，調理室など食に関わる保育環境に配慮すること」と示されている。さらに，2017（平成29）年の保育指針改定で，食物アレルギー等への対応に関して，各個人別に園医との連携を深め診断を受けた後，食物アレルギーの除去食対策等をすすめていくことが必要である。

　また，教育要領および教育・保育要領では，領域「健康」の内容「(5) 先生*や友達と食べることを楽しみ，食べ物への興味や関心をもつ」や，内容の取扱いにおいて「(4) 健康な心と体を育てるためには食育を通じた望ましい食習慣の形成が大切であることを踏まえ，幼児*の食生活の実情に配慮し，和やかな雰囲気の中で教師*や他の幼児と食べる喜びや楽しさを味わったり，様々な食べ物への興味や関心をもったりするなどし，食の大切さに気付き，進んで食べようとする気持ちが育つようにすること」と示されている。

*「教育・保育要領」では「保育教諭等」「園児」と記されている。

そこで，食育に関する具体的な取り組みを2つ紹介したい。

事例3－8　食育活動を毎日の生活や遊びの中に取り入れている園
筑子保育園（中山園長／茨城県）

この園では，30年前から，希望者に「朝食の提供」を継続している。

園長は，「朝食抜きの子が田舎でも20％を超す時代になった今，保育園の食事が子どもたちの命を支えているのかもしれない。うんとお腹がすくくらいの遊びとともに，和食を中心とした具だくさんの味噌汁，おかわり自由のご飯，ひじきなど家で食べない食材などの使用も考え，食を通しての健康管理をする時代に，もうなっている気がする」と語っている。

さらに，食の細い3歳未満児には，朝食の補食として，朝がゆの提供をしている。朝がゆは，子どもたちには好評とのこと。朝食を摂ってきたにもかかわらず，おかわりをする子もいるとか。また，野菜が苦手な子も，野菜入りのおかゆを「おいしいね」と言って食べたり，おかわりなどをしている。

「おかゆは，お米から炊いている。子どもたちには，味噌味が一番人気」とは，木戸栄養士の言葉である。献立も，1ヵ月間で同じ日はなく，野菜を育てたり，皮むきを手伝うなどは日課になっている。

子どもたちが食文化に出会っていくことは，体力づくりにもつながっていくことになる。この園の子どもたちの体温調査を見ると，低体温児がいないことに驚く。

◀ナスの苗を植えている

▲皮むきのお手伝い▲
（左）きぬさや，（右）竹の子

事例3−9　田植え・稲刈り体験・果物狩り宿泊遠足をしている園
24時間保育エイビイシイ保育園（片野清美園長／東京都）

　夜間保育や深夜保育，学童保育などさまざまな形の保育を行い，時代のニーズに合わせた先駆的な保育を目指す片野園長は，「『昼も夜も子どもは平等』。子どもたちが友だちの中で，楽しく過ごせたという思い出をたくさんつくること，それを私たちの生きがいとしたい，それがポリシー」と語り，月に一度の遠足や茨城県魚住農園での田植えや稲刈りに出かけ，収穫した無農薬米が毎日の給食に登場する。その後の苗の成長のようすを現地と交換もする。さらに副食も無農薬野菜である。都会の中に住む子どもたちだからこそ，自然に触れる機会を多く経験してほしく，本物の味を知ってほしいと語る。

◀田植え

◀▼稲刈り

どちらの事例も，子どもたち自身が野菜を育てるということが日常の保育の内容として根づいている。そのような栽培活動の経験を積み重ねることは，1つ目の意義の「自然の変化を見る目，そして動植物を見る目を養う」という学びの側面，2つ目の意義の「動植物に対する愛着心や生命を大切にする気持ちなどの心情や感性を育てる」ということだけでなく，第3の意義の「食育」にもつながっている。「食育」の取り組みには，たんぱく質や炭水化物・脂質・ビタミンなどの食べ物の栄養素といった栄養学を学んだり，三食の食事を摂ることの重要性について学んだりするものもあるが，「栽培活動から食育へ」という取り組みは，2つの事例に見るように，食事の根底にある「おいしく食べる意欲」を育むものである。

【参考文献】

寺田清美「蝶が橋渡しした子どもの呟き」『月刊国語教育研究』No.360, pp.64～65, 日本国語教育学会，2002

無藤隆・寺田清美「2歳児の絵本の読み聞かせ場面における保育者の思考と行動」『日本発達心理学会第11回論文集』p.101, 2000

寺田清美「保育者と中高生との読み聞かせと子どもの反応の違い―次世代育成事業及び職場体験場面から考察―」『日本保育学会第57回大会論文集』pp.315～316, 2004

寺田清美「第10章　保育所における指導計画作成の実際」小田豊・神長美津子編著『指導計画法』pp131-144, 北大路書房，2009

寺田清美「第3章　乳児保育」巷野悟郎・植松紀子編著『0歳児・1歳児・2歳児のための乳児保育』pp35-48, 光生館，2012

寺田清美　村石昭三・関口準監修『はじめてみよう！　幼児のことば遊び：0, 1, 2歳児編』鈴木出版，2009

レイチェル・カーソン『センス・オブ・ワンダー』新潮社，1996

厚生労働省「保育所保育指針解説書」2008

内閣府・文部科学省・厚生労働省『「幼保連携型認定こども園教育・保育要領，幼稚園教育要領及び保育所保育指針の中央説明会」資料』2017年7月

第4章 子どもの発達と園の環境

〈学習のポイント〉　①園内環境が発達に及ぼす影響について考えましょう。
　　　　　　　　　②子どもとものとのかかわりを，物的環境という視点から考えましょう。
　　　　　　　　　③子どもと人とのかかわりを，人的環境という視点から考えましょう。

1. 子どもの主体的な生活と環境

　3歳，4歳，5歳児は，身体の発育と運動機能の著しい発達とともに，自分から進んでいろいろなことをやってみようとする活動意欲も旺盛になる時期である。また，活動範囲の広がりに伴い，興味や関心の幅も広がる時期である。そのような時期の子どもが，家庭，保護者から離れて同年代の子どもといっしょに過ごす場のひとつが幼稚園，保育所，認定こども園等である。

　「幼稚園教育要領中央説明会資料」では，序章　第2節「幼児期の特性と幼稚園教育の役割」の3項目において「幼稚園の役割」が示されており，その部分を要約すると，「幼稚園は，教師や他の幼児と生活する中で家庭では体験できない社会，文化，自然等に触れ，教師に支えられながら，幼児期なりの世界の豊かさに出会う場である。さらに，地域はさまざまな人々との交流の機会を通して豊かな体験が得られる場である。幼稚園には，このような家庭や地域と異なる独自の働きがある」となる。幼稚園での子どもの生活は，日常の活動から，大きく「基本的な生活習慣にかかわること」と「遊びを中心とすること」に分けられる。

　ここでは子どもの生活の大半を占める遊びにスポットをあてて，環境とのかかわりを述べることにする。

　幼稚園に登園してきた子どもが保育者と朝の挨拶を交わし，バッグや所持品の始末*，出席シール貼りなどの一連のルーティン化した活動を終えると，「今日は○○して遊ぶ」「○○ちゃん，これやって遊ぼ！」と保育室のコーナーや中庭，テラスに散り，あちらこちらから元気な声や笑い声，時には個々に主張してけんかをしている声が聞こえる。

　子どもたちがそれぞれの遊びを見つけたり，自分から遊びの中に入っていったり，好きな遊びを見つけて飛び込んでいく姿はとてもパワフルで躍動的である。それは，遊び自体がおもしろく，楽しく，いっしょに遊んでいる友だちと共有で

*所持品の始末や身辺処理は，子どもがスムーズに動くことができるように子どもの動線を考えよう。

きるうれしさや充実感をもつことができるからである。

　子どもの遊びには流動性があり、子どもたちが遊び込む中で変化していく特徴をもつ。そして、いろいろな遊びを通して楽しさを見つけ、遊びに工夫をしてどんどんと広げていく場合と、楽しさのバロメーターがしだいに下がり、その遊びから離れて別の遊びに移っていく場合がある。しかし、どちらも子どもが遊びに主体的にかかわっている行動と見ることができる。子どもにとっての遊びは、自分で見つけたり、自分からかかわり、夢中になって遊び込めるものなのである。

　子どもたち1人ひとりが自分の遊びを見つけ、入り込むことができる場や時間、対象など、遊びの環境を保育者はつねに用意したり、心がけなければならない。

　初めて幼稚園に来た実習生は、椅子やテーブル、トイレのサイズに驚きを見せる。また、自分の体をかがめて保育室を眺めた床から1メートル前後の世界に、あらためて施設設備を意識したとも言う。園の施設環境を子どものサイズに合わせて準備するということはどういう意味があるのか、子どもの立場に立って考えてみよう。

▲保育室の一部

おとなの目線

子どもの目線
（1メートルの世界）

　子どもたちは折り紙でたとえばハートや花をつくったり、手裏剣をつくるのが好きである。筆者が勤めていたある園には、各保育室に小型の折り紙棚があった。ひよこ組は出席シールを貼るテーブルの横に、数枚ずついろいろな色が入っている。子どもたちはそこから自由に折り紙を取って、花をつくっては「どうぞ！」と友だちや先生に渡したり、ハートのつくり方を友だち同士で教え合っている。うさぎ組は道具ロッカーの棚の上の奥の方に折り紙が置いてある。子どもたちは1回ずつ先生に話し、取ってもらってから折っている。この2つの事例からわかるように、子どもが自分でしたいことを自分でできるようにする。つまり環境を

構成することの意味は，子どもが生活の中で自分でできること，取り組めることを増やし*，意欲を喚起することである。たとえば，部屋に子どもの背の高さに合わせた水道があれば，5歳児になるとお昼の時間に，自分から進んでふきんを持ち，流し台で絞り，テーブルを拭いてお弁当を食べる準備を始める姿が見られる。おとなの助けを待つことなく，積極的に活動できるのである。このように，園内の設備やものの配置など，物的環境は子どもの活動意欲や活動そのものにも大きく影響する。

*自分のやりたいことができた。ましてや，人の助けを借りずにできたときに得られる満足感，充実感はおとなだけではなく，子どもでも同じである。やってもらうことを待つより，子どもが自ら進んでかかわれるような環境を心がけたいものである。そこには子どもの主体的な活動がたくさん見られるはずである。

折り紙の棚

▲子どもたちが自由に折り紙を取って遊ぶ

2. 環境による教育の実践

子どもたちが園の生活に慣れてくると，園内，園庭，グラウンドの環境についての理解ができるようになる。どんな部屋がどこにあり，どこにどんな遊具があ

▲保育者といっしょにつくる高速道路は，廊下へとどんどん伸びた

るのか，そして，園庭やグラウンドの遊具の遊び方などもわかるようになる。子どもたちは毎日の遊びや生活を通して環境に積極的にはたらきかけ，だんだんと環境をつくり出していくようになる。

　子どもたちの遊びや生活が充実する環境を保育者がいっしょにつくり出し，どのようにかかわっているのかを知り，必要とする援助をタイミング*よく行うことが大事である。このように考えると，園の環境は物的環境と人的環境が作用していると考えられる。以降，実践を含めて述べるが，物的環境をつくり出すのは保育者であり，人的環境の媒体として物的環境がかかわっていることがほとんどである。いずれも線引きできるものではなく，環境は互いに重なり合っていると考えてよい。

*子ども1人ひとりの実態をしっかり把握し，活動を見通すことによって，適切なときに適切な援助をすることができ，子どもの活動も輝き出す。

1 ものとのかかわりの意義と実践

　建物の構造面を除き，子どもと身近なものとのかかわりをいくつかの視点からとらえて幼稚園舎や園庭を眺めてみることにする。

(1)「動」と「静」の活動

　子どもの遊びはいろいろであるが，いつも活発に動きまわっているわけではない。汗をかいて遊びに没頭したかと思うと，ベンチや小動物の前で休んだり，積み木の上で友だちとおしゃべりを楽しんでみたり，テーブルで絵を描いていたりすることがある。子どもたちの生活にはこのように「動」と「静」のリズムがあり，その「動」と「静」のリズムを生かすような環境を用意する必要がある。たとえば，遊戯室や園庭，グラウンドは，広々として走りまわれる「動」を保証するものである。ゆったり寝転がったり，座ったりするじゅうたんやござ，プラスマットや椅子はホッとくつろぐ「静」のものといえる。園内のどこかに子どもにとって落ち着くことのできる居場所を保育者がつくることも必要なことと考えられる。

▲砂場のダム工事・「動」の空間

▲絵本の部屋・「静」の空間

(2) 固定遊具やアスレチック

　固定遊具は決まった遊び方だけではなく，ゲームの中で利用することで生きてきたり，簡単な工夫をすることで，子どもにとってより魅力的なエリアに変身する。

　グラウンドのロープ橋は，夏になると怖い「ジョーズ」が住む海に架かった橋に変身した。子どもたちは新聞紙とゴミ袋でジョーズをつくり，巧技台を橋につなぎ，海わたりゲームを楽しんだ。ヒューム管トンネルにスズランテープをぶら下げてつけるだけで海の中をくぐり抜ける気分を味わっていた。ジャングルジムの滑り台は，スポンジプールを置くことでジェットコースターに見立てられ，子どもたちは豪快に滑り降り，歓声を上げていた。中庭のどかん山や三角塔は子どもたちの格好の基地になっている。アスレチックの砦では，下にもぐって隠れ家として楽しんでいる。

　このような子どもの発想や考えを大事にした環境の工夫で，固定遊具も本来のものとは違う，遊びの魅力をもったものとなる。

▲橋に乗り上げるジョーズをかわして海わたり

(3) コーナー遊びの設置

　ここでは，クラスの中の遊びのコーナーについての実践を述べる。多くの幼稚園では保育室内にいくつかの種類の遊びのコーナー（場）を設置している。年齢によって，また，季節によってコーナーの内容はさまざまであるが，子どもが登園後，自分の好きな遊びを選びやすいようにしてある。子どもが自分で活動の場を選び，自分からそこに行き，遊びはじめることができる。「そこに行けば，この遊びができる」という自発的，主体的な活動に結びつく。

ある園の3歳児保育室のコーナーを図4－1に紹介しよう。

大きく分けて5つのコーナーを保育室の中に設定している。まず，保育室の奥を利用した広めの「ままごとコーナー」である。じゅうたんや畳をしき，流し台，戸棚，食器などを壁側に設置している。ままごとは幼児に人気の遊びのひとつである。エプロンやバック，かごなどがさりげなく置いてあったり，座卓があると子どもたちはお母さんやお父さんになりきり，すっかり熱中してしまう。ままごとコーナーからベビーカーに人形を乗せて隣のクラスのコーナーに出かけたり，ホールやテラスにごちそうをもって行き，ハイキングやお花見ごっこをしたりとコーナーだけの遊び*にとどまらず，移動，発展した遊びをも意図している。ままごとだけでなく，時にはレストランやパン屋さん，ケーキ屋さんに変身することもできるコーナーである。

次は「製作コーナー」である。丸テーブルと製作道具のワゴンがあり，素材箱から自由に選び，製作活動ができるように設定している。自分で遊ぶものをつくる子や飾りものをつくる子などさまざまであるが，保育者が季節の飾りなどを見本につくっておくと，まねしてつくっている姿も見られる。それらを保育者が壁面飾りなどに積極的に生かすことによって，自分たちのつくったものに愛着をも

*たとえば，テラスに大工・木工コーナー，ステージはパフォーマンス等，園全体で大きなコーナーを設定して，よりダイナミックに活動するのもよいだろう。

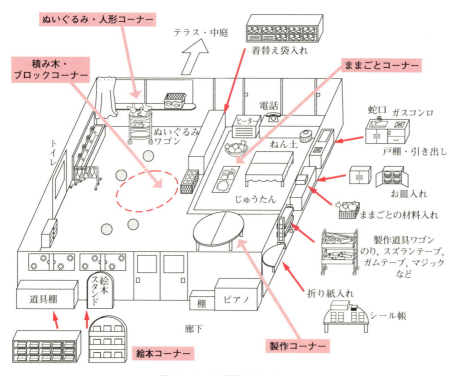

図4－1　3歳児のコーナー

つことにもつながり，喜びも湧いてくる。

「絵本コーナー」は保育室内の少し落ち着ける雰囲気の場所に設置している。子どもたちが興味・関心をもちそうな本や季節の本，行事に関係した本などを準備しておく。子ども同士で頭を寄せ合って見ていることもある。

「積み木・ブロックコーナー」はスペースを少し広く取ったコーナーである。積み上げたり，並べたりが自由にできる場所であることと，くずれても危険のない場所を選び，設定している。

「ぬいぐるみ・人形コーナー」は人形類を移動ワゴンに入れ，窓の台を利用している。お人形ごっこや指にはめた人形を使い，台をステージにして遊ぶことができる。人形を持ち，ままごとコーナーに遊びに行く子どもも多い。

この園は2人の保育者が3歳児を担当しており，それぞれのコーナーで展開される遊びの中で1人ひとりの子どもにかかわり，いっしょに楽しみながら個々の子どもの思いをくみ取るようにしている。

(4) 素材，用具

子どもの身近にある素材とのかかわりには，重要な要素が含まれている。ここでは，まず5歳児の組で行われた，水遊びで動く船をつくる事例を挙げてみる。その船は，ペットボトルに割り箸をつけて，輪ゴムの動力でプロペラを回して進むものである。子どもたちはプールに浮かべて動かし，遊びの中で予想以上にいろいろなことに気づき，十分に遊びを堪能した。この過程で，子どもたちは初めに丸や四角のペットボトルを選ぶ。それから箸の位置や角度を試行錯誤しながらつけた。そして，最後にゴムの巻き方を繰り返し試しながら前に進むことを覚えた。水に浮かべて動いたときの喜びは格別である。子どもたちは船づくりに興味を示し，好奇心をもって素材にかかわり，水やゴムの性質，動くことの情報を知ることができた。

▲5歳児のつくった船を借りて遊ぶ3歳児たち

▲南の国のヤシの木づくり

また，3歳児は，新聞紙を使っていろいろなものをつくり，その中で，園の廊下に大きなヤシの木をつくり飾った。これは，新聞紙をぐしゃぐしゃにもみほぐして芯の積み木に巻きつけたものである。ここまでの過程で行ってきた新聞紙を破いたり，丸めたりする活動の経験が大いに生かされ，友だちと協力して全判の大きさにトライしたのである。

　3歳児の担任は子どもの遊びに沿って，さりげなく新しい素材*を提示したり，関心をもつように投げかけている。5歳児の担任は子どもの活動をいっしょに考え，工夫している。4歳児の担任はおまつりごっこで子どもたちに現実感をもたせるために，本物のパック容器や入れ物を準備していた。

　子どもたちは遊びの中で素材と触れ，素材の性質を知り，その扱い方を覚える。そしておもしろさや楽しさを感じる。子どもたちが素材や用具に自分たちからかかわり，遊びはじめることにこそ意義があり，保育者は積極的に環境づくりをしていくことが必要である。さりげない保育者の援助により，遊びが発展し，充実していくのである。

*素材の入れ物は，できればキャリーつきで，中が見えるタイプの素材箱がよい。ふたがあると時々，素材を取り替えて保管するときに重ねられ，場所を取らず便利。

2 人とのかかわりの意義と実践

　子どもの遊びには流動性があり，変化していくことを前節で述べた。じっくりと集中して遊び込んだり，いつの間にか終わっていたりする。そこには物的な環境だけでは成し得ない人とのかかわりや援助が求められている。幼稚園生活には，友だち，保育者など人とのかかわりの中で身につけることがたくさんある。遊びにおいても，3歳児の1人遊びから，友だちを認知しグループ遊びが盛んになる4歳児，そして友だちとのつながりが広がり，さらには協同でダイナミックな遊びをつくり出す5歳児へと"人"とのかかわりがキーポイントになる。これら幼児期のかかわりが，その後の人間関係の基盤を培っていることはいうまでもない。

　子どもを取り巻くまわりの人こそ，一番重要な環境であると考え，次の4点から人とのかかわりを述べる。

(1) 保育者とのかかわり

　子どもにとって保育者は園の中で一番信頼できる人である。遊びに対する思いをくみ取ってくれ，いっしょに活動して思いを共有してくれる存在である。保育者がその子どもの遊びを大事にし，いっしょに遊びの場をつくることが，環境づくりの第一歩である。そのような場で遊びをすすめていくことで，遊びをより具体化し，深化させることができる。子どもたちは遊びのイメージをふくらませ，そこに必要な素材や用具を要求したり，情報を探求する。

　ここで保育者がいかに素材や用具を準備したり，情報を提供できるかがカギである。場とものが揃ったら，保育者もいっしょになって遊びを楽しみ共有するこ

とが大切である。保育者が「入れて！」と遊びに参加することで、子どもとの会話も弾み、意欲的に遊び、じっくりと遊び込む姿が見られることであろう。

(2) 異年齢児とのかかわり

3歳・4歳・5歳児がクラスの枠を超えて遊ぶことは、とてもステキなことである*。

3歳児が4歳児、5歳児をモデルとして遊びのまねをしたり、5歳児が一生懸命に教えたりするようすは微笑ましいものである。5歳児はリーダーとして自信をもち、今まで以上に意欲的に張り切って活動に取り組む。4歳児は間近で見ながら、「次はぼくたちが」「今度は私たちが……」という気持ちをもつ。その中で自然にお互いを思いやる心を育んでいるのである。園では日常生活で縦割り編成をしているところもあるが、本園は日常の遊びや行事での異年齢交流をしている。トウモロコシ狩りやリンゴ狩りなどの園外保育では異年齢グループでの活動を行う。5歳児をリーダーとして、ゆったりとした時間の中で、1日、じっくりとかかわりあう。このような活動を繰り返し経験することで、保育者が指示をしなくても、5歳児が4歳児、3歳児を迎えに行ったり、世話をしたり、自覚をもつようになる。

子どもが日常的に自由に行き来する雰囲気をつくるには、まず保育者同士も気軽に行き来できるようになることである。そして自分のクラス以外の子どもにも言葉がけすることで子どもは安心して探索し、異なる場でも遊び出すようになる。

*テラスでの交流のすすめ～テラスはお互いの活動のようすが見えて刺激になる。とくに、異年齢の子どもが自然に遊びに加わったり、遊びが発展しやすい絶好の場所となる。

▲新入園の友だちを誘って「こっちだよ」　　▲異年齢児同士の会話。「ほら！見て」「おいしそうなのが採れたね」

(3) 小・中学生とのかかわり

人とかかわる力の基礎は幼児期から培われる。幼稚園では、異年齢児との交流だけではなく、いろいろな人とかかわることも大切である。

近年、幼稚園と近隣の小学校で、行事や生活科の学習などを中心に交流することがみられる。たとえば、小学校の運動会や発表会に園児が参加したり、小学生がつくったおもちゃを持参して幼稚園を訪問したり、いっしょに芋掘りなどの体

験をしたりする。5歳児は幼稚園ではお兄さん，お姉さん的な存在であるが，小学生に対しては憧れていることも多い。交流することで，幼児は小学校がどんなところかがわかり，経験の幅が広がる。さらに入学したときに，知っている小学生がいることで，安心できることもある。幼稚園と小学校双方で時間や場所，内容を工夫し，イベント的な交流から，日常的に継続できるような交流を心がけていきたいものである。

また，中学生も家庭科の授業や職場体験などの形で，幼稚園を訪れることがある。中学生は体格も大きく，動きもパワフルであり，身近にかかわることの少ない園児は，最初は怖がることもある。しかし，同じ遊びを体験し，いっしょに過ごしているうちに自然に手をつないだり，抱っこしてもらったり，おんぶをしてもらったりと，互いに打ち解け楽しんでいる姿が見られるようになる。このような機会を生かし，積極的に受け入れ，地域の小学生や中学生とのつながりを大事にしていきたい。

▲小学生との交流。「遊びに来てね」「よろしく」

▲中学生との交流。「わぁーい！ 高いぞ」

(4) 地域とのかかわり

いろいろな人とのかかわりは，子どもたちにとっても大変意義がある。ある園では，核家族化で接することの少ない高齢者とうたを歌ったり，自分たちがつくったプレゼントを渡し，話をすることを通し，いたわりや，思いやりの心を育てている。また，子どもたちがふだんお世話になっているパン屋さんとの交流では，給食に出るパンをいっしょにつくり，パンに関心をもたせ，感謝の気持ちを育んだりもしている。

▲地域の高齢者との交流。「よく来たね」「元気ですか？」

3. 園内環境の構成と課題

　園内の環境と一言でいってもなかなか広範囲であるので，具体的に各年齢児の保育環境を，テラス，保健室，廊下やホールに分けて環境構成と課題を探ることにする。

1 3歳児の保育環境の構成

　3歳児の保育室は遊びの宝庫である。「ままごとコーナー」ひとつ見ても，アイロンをかけている姿をまねたお母さんごっこであったり，人形を赤ちゃんに見立てて寝かせているごっこであったり，ねん土で型抜きをしているごっこであったりと多様である。まわりの子どもとやりとりをして遊ぶというよりは，1人ひとりが場を共有して思い思いに遊んでいる。

　3歳児は自分と友だち，自分とものというように「自分となにか」というかかわり方をするので，たくさんの遊びが展開される。そしてほかで展開されているおもしろそうな遊びを見てやってみたくなり，まねをして遊ぶことも多い。子どもの実態に合わせ，進んで遊びを選べるように，ブロック，積み木，ままごと用の道具から絵本，クレヨン，ねん土，新聞紙までいろいろなものが用意されている。

　また，この時期には見立て遊びが盛んに行われる。茶色い紙を輪にしてドーナツをつくり，売り歩くこともある。得意そうに保育者や友だちにも見せる。するとほかの子が刺激されドーナツをつくり出したり，パンをつくり出す。体全体を使いながら，身近な人とかかわり，自分の思いを一生懸命に伝え，遊びを広げていく力は素晴らしいものである。

　ここでは，5歳児がアイデアを出して園内で行われた，お菓子屋さんごっこでの3歳児の姿を紹介する。

　3歳児は新聞紙やつや紙を丸めて輪をつくり，細かく切った色紙でトッピングをしたおいしそうなドーナツと，クッション材にクレヨンで色をつけたポップコーンをつくった。それを保育室のお店に並べ，袋も用意して，まるで本当のドーナツショップのようにして売っていた。また，ワゴンに乗せたり，1人売りの箱を首からかけて売り歩く子もいた。売り切れると急いで保育室にある工場に戻り，再びドーナツをつくってまた売りに歩いていた。どの子も黙々とつくり，初めは恥ずかしそうにしていた子どもも，しだいに大きな声を出して呼び込むようになっていった。売り子役の子どもは，お客さまに買ってもらい，満面の笑みを返していた。お金もまねっこで次々に持ってきてくれる。どの子も「先生，またやろうね」と満足そうな顔であった。

　そこには，3歳児の実態を十分に把握した保育者の適切な環境構成とこんな遊

▲クラフトを輪にしたドーナツづくり

▲お店の開店。「いらっしゃいませ」「おいしいよ」

▲「ぼくがつくったの。いりませんか」－1人売りトレー

▲ワゴンに乗せて，園内を売り歩く。「ドーナツ，ポップコーンはいかがですか？」

びを経験させたいという願いがあったからこそできた活動があった。1人ひとりが自分からつくる楽しさを知り，いろいろな人とかかわることを楽しめた活動である。

　3歳児は遊びや活動で友だちと協力するという意識は薄いが，自分たちが早く遊びたい，楽しかったからまたやりたいという遊びでは，少しずつではあるが友だちと準備のお手伝いをかってでる姿も見られる。

▲フープをハンドルに見立て，バスで築山へゴー！

みんなで体を動かして遊ぶことの好きな3歳児は，中庭，グラウンドでアスレチックやリレーをして力いっぱい走っている。1人ずつフープをハンドルに見立てて運んでいく。それをアスレチックに連結したり，スタートの印にしたりと，子ども自らが環境構成にかかわることもある。

2　4歳児の保育環境の構成

4歳児は，園内での活動範囲も広がり，友だちも増える。中でも気の合う友だち同士で思いを受け止め，遊びのイメージを共有することができるようになる。そのイメージを発展させながら遊んだり，実際に経験したことをもとにイメージをふくらませて遊ぶことも多くなってくる。

温泉ブームである昨今，子どもたちも家族と温泉に行く機会が多く，会話にもよく出てくる。ある日，4歳児の保育室にも，下の写真のようなものがお目見えした。

積み木で段差をつけ，正面には赤いお湯の蛇口がついている。温泉の流し場である。次の日，その隣には積み木で枠をつくった湯船ができあがり，お湯まで張ってあった。担任の保育者は，さりげなくおけを置いた。数日後，今度はロール芯でつくったドライヤーにタオルまで用意してあった。ここまでくると，「次はなんだろう？」と期待させるような遊びの発展に，子ども以上にウキウキしてしまった。すると，次はなんとテラスに露天風呂が出現した。ソフト積み木を使い，真ん中を区切った大きな湯船があった。

子どもたちは，おしゃべりをしながら，どんどんイメージをふくらませ，クラス名にちなんだ『月の湯』を楽しんでいたのである。テラスの露天風呂は3歳児も5歳児も保育者も，みんなが「いい湯だな」と味わった。

この時期は自分のやりたいことをしっかりと伝えることができるようになり，そのために必要なものを製作したり，準備ができるようになってくる。製作の素材も種類が増え，チャレンジ心も見られるので，保育者の適切な投げかけによっ

▲積み木を使った流し場と蛇口

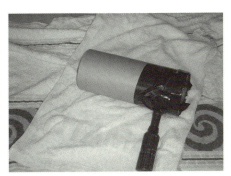
▲ロール芯でつくったドライヤー

て意欲的に活動に取り組むようになる。

　夏にグラウンドを海に見立てて遊んだときには，ダンボール箱を使い，潜水艦づくりを行った。何人かでかたまって，「こんなふうにやりたい」「これを使いたい」と主張しながら，飛行機ジムを大きなダンボールで囲み，窓をくり抜き，OHPシートに絵を描いて貼りつけていた。操縦席のハンドルを握ると，まるで本物に乗っているような感じであった。そばで見ていたM先生は，それに青色のビニールシートをかぶせて，より海の中のような雰囲気を出してあげた。本を見て，「こんな形にしたいけど，つぶれちゃうんだよ」「やってみるか」と小型潜水艦もつくり，岩の間や海のトンネルを自由に動いていた。

　保育者は子どもの「今取り組みたい」「すぐ試したい」という思いを受け止め，それに合った環境をタイムリーに準備したり，用意しなければならない。そのためにも，いっしょに活動し，十分に話を聞きながらヒントを出すことも必要とされる*。

＊保育者は，子どもの思いをキャッチするアンテナをいつも張りめぐらせていたいものである。魅力ある遊び，引きつけられる活動が展開される環境構成には，保育者のセンスが見え隠れする。

▲固定遊具をダンボールで囲った潜水艦。「潜水艦でもぐろうよ」

▲岩のアーチをくぐって動く小型潜水艦

3　5歳児の保育環境の構成

　5歳児になると活動はますますダイナミックになってくる。いろいろな用具にも慣れて，素材の扱いの難しいものにも進んで取り組もうとする。細かい作業にもじっくり取り組んで，より本物に近づけようとしたり，それらしく見せようと努力する。さらに本や図鑑，友だちとの会話などをきっかけとして，イメージを広げるようになる。

　3歳児，4歳児と大きく違ってくるのは，みんなで協力してつくり上げる活動ができるようになってくることであり，ひとつのことに向かって考えを出し合ったり，話し合いをしながら活動をすすめることができるところである。積極的にかかわり，活動を楽しめるようになってくるのも特徴である。

　それだけではなく，自分たちのつくったものを使ってゲームをしたり，遊ぶことに努力を惜しまず，友だちをも楽しませてくれることが多々見られるように

▲2人でいかだのひも結びに挑戦

▲素材を工夫して，本物らしくつくる。「ほら，チョコだよ！」

なってくる。

　以下の写真は，夏祭りで5歳児が考えたゲームのようすである。3歳児も4歳児も楽しめるように，保育者といっしょに工夫してできあがった。

▲5歳児製作。大タコの足にミニタコを入れるゲームで遊ぶ

▲手づくりの輪投げと景品を用意して，「輪投げはいかがですか」

　5歳児全員で力を合わせてダイナミックな製作や活動に取り組むこともある。次頁の①～③の写真は，ペットボトルをつないで船をつくっているようすである。初めは1人ひとりがパーツに分けて芯や床をつくり，合体させて徐々に大きな船ができあがった。1人でできない部分では友だちと協力し合い，完成まで時間をかけてでもつくり上げようという意欲が出てくる。一生懸命つくった船には，みんなで相談し，『にっぽん丸』と名前をつけたり，クラスの旗をつけたりと活動はどんどんふくらみ，発展していった。さらに5歳児の発想らしく，完成した『にっぽん丸』を実際に浮かべてみたいというみんなの思いにも結びつき，プールで進水式を迎えることになった。

　プールに浮いた『にっぽん丸』を見て，「ヤッター！！」と大歓声が上がり，5歳児は3歳児や4歳児に得意顔で見せていた。3歳児や4歳児からは，「すごい！」「乗りたい」「つくりたい」という声が聞こえた。

①『にっぽん丸』のパーツづくり

②協力して『にっぽん丸』の床をつなげる

③みんなでつくった『にっぽん丸』の進水式

　自分たちが主体的にものや人にかかわってきた遊びで得た満足感，やり遂げた達成感，充実感は，子どもたちにとっては最高の経験である。

4　テラスや廊下，ホールの環境構成

　クラスを超えて，子どもたちが自由に交流できる場がテラスである。ある園では「テラス交流」*と名づけて，集まってきたほかのクラスの子どもたちもいっしょに活動している。いろいろな子どもたちが集う中で，さらに楽しい活動を広げ，発展させていくことができる格好の場である。

＊p.75参照

　登園してクラスに向かう廊下**も，ぜひ子どもたちがなにかを感じられる，意図的な環境構成にしたいものである。たとえば，運動会が行われる時期，グラウンドの色とりどりの万国旗は，子どもたちの心を躍らせる。2週間ほど前から廊下に飾ると，万国旗の下を通りながら，「ぼくも描いてみたいな」「飾ってね」と言う声が聞こえてくる。3歳児は塗り絵仕様で参加。4歳児はちょっとまねして描いてみる。5歳児は描きたい旗を探して，じっくり見ながら描いてみたり，自分で考えた旗も登場する。運動会当日は子どもたちのつくった万国旗が風になびき，元気が出てくる。

＊＊壁面には子どもの絵や作品が飾られ，楽しませてくれる。ちょっとしたギャラリー風の立体的配置や空間活用があれば，もっとステキになるだろう。

また、季節を感じられるような飾り、行事を意識させるような飾りを子どもたちと共同製作すると、愛着をもつようになる。壁から飛び出す半立体の花や虫、廊下の空間にぶら下がるブドウ、曲がり角に立っているヤシの木は季節に合わせてリンゴの木に大変身、というように、紙、布、枝などの自然物を利用して、歩くのがワクワクするようなホールづくりの工夫をしたいものである。

▲テーブルを運んで、ちょっとおしゃべり（テラス）

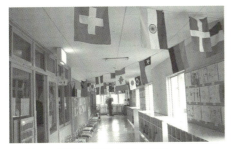
▲「さぁ、運動会の準備だよ」（廊下）

▲そろそろ秋色、園内にもトンボが…（ホールの天井）

5 保健室の環境構成

　ある園では養護教諭が配置されているが*、独立した保健室はなく、職員室のコーナーで執務している。養護教諭は進んで保育室に出向き、子どもたちのようすを観察したり、会話をする中で心身の健康状態を把握している。ケガや病気の処置だけではなく、子どもたちの保健指導やカウンセリング、保護者の相談に積極的に応えている。保健コーナーに来室した子どものようすや処置については、『傷病の記録』で降園時に保護者に連絡している。

　また、自分の体について関心をもたせ、成長の気づきを大事にしてもらうために、『からだっていいな』を作成し配布している。保護者といっしょに体の話をするきっかけにもなっている（図4-2）。

　子どもが自分の健康や体のことに関心をもち、楽しみながら知ることができるような掲示物や絵本がさりげなく置いてあり、それらを活用して個別の保健指導

＊養護教諭がいつでも子どもを受け入れるという姿勢をもつことと、子どもたちが安心して、心や体を休めに訪れることができるような雰囲気づくりを心がけることが重要である。

▲歯をつけたパペットを用いて歯磨き指導をするなど，保健指導にも工夫をする

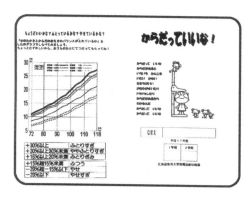
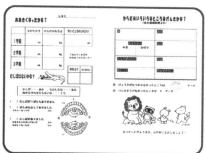

◀▼成長のようすを知らせるカード『からだっていいな』：健康診断の結果や体の成長が記録されている

図4-2

を展開できるような保健室スペースも必要である。

　保育者が環境構成を考える際のポイントを2点述べる。1つ目は，その遊びや活動が主体的に取り組めるような環境を用意することができたか。保育者の考え，思いが優先してはいないか。子どもが興味をもってかかわり，生きいきと経験することができる環境であったかどうかを考えていかなければならない。

　2つ目は，主体的にかかわってきたときに，容易にクリアすることのできるものやことよりも，少し課題性のある環境を準備することができたかどうかということである。

　子どもが「ヒト・もの・こと」にかかわる遊びや活動を繰り返す中で，上記2つの要素が含まれた環境が，子どもを生きいきとした活動に導き，そこには子どもの育ちが見えるのである。

【参考文献】

内閣府・文部科学省・厚生労働省『「幼保連携型認定こども園教育・保育要領，幼稚園教育要領及び保育所保育指針の中央説明会」資料』2017 年 7 月

中沢和子『改訂　子どもと環境』萌文書林，2002

柴崎正行編著『環境づくりと援助の方法』ひかりのくに，1997

鯨岡峻・鯨岡和子『よくわかる保育心理学』ミネルヴァ書房，2004

参考）園庭の環境の構成を考える（駿河台大学第一幼稚園の例）

▲遊具同士のつながりに留意し，配置する

▲多様な遊びが展開できるスペースを確保する

▲遊具の目的も多様である

▲砂場は子どもの遊びの基地としても大事な場所

▲砂場の道具，水道の位置などを工夫しよう

▲虫を捕ったり，花に水をやったり，自然とのかかわりのスペースを確保する▲

※目的によって，必要な道具も変わってくる

▲リールテーブルには，多様な使い方がある

▲パラソルは"場づくり"に一役買う

▲ビニール管なども，砂遊びには欠かせない

▲直接，手で感触を楽しむことも大事

第5章 人的環境としての友だち・保育者の役割

〈学習のポイント〉 ①子どもにとって保育者が重要な存在であることを踏まえ，保育者の役割や子どもに対するかかわりの基本を整理し，理解しましょう。
②子どもの発達・成長に応じた保育者のかかわりや活動について，事例を通して理解しましょう。
③子どものころの経験や子どもとのかかわりなど自分自身の経験を振り返りつつ，保育者の役割と専門性について考えましょう。

1. 乳幼児期の子どもと保育者のかかわり

1 乳幼児期の子どもの発達と保育者の役割

　近年，少子化や核家族化，地域の人間関係の希薄化など，子育てを取り巻く社会状況の変化が大きく取り沙汰されている。このような状況を背景としつつ，乳幼児の保育・教育を担う者として，また地域の中の子育てを支援する者として，保育者に求められる役割は重要だといえる。保育者は保育の専門家として，どのように子どもとかかわっていけばよいのか。まず，他者とのかかわりに関する乳幼児の発達的特徴を取り上げ考えていきたい*。

　乳幼児期とは，身近な養育者との間で基本的信頼関係を結び，自己の主体性を培っていく時期である。生涯発達の視点からみて，乳幼児期とは生涯にわたる人間形成の基礎をつくる重要な時期だといえる。すなわち，毎日を過ごす保育現場の環境や，身近なおとなとして保育を行う保育者の存在は乳幼児期の子どもの健やかな発育に対し非常に大きな影響力をもつ。

*「幼稚園教育要領」「保育所保育指針」「幼保連携型認定こども園教育・保育要領」を読み，保育者の役割とはなにか，年齢や活動に応じた適切なかかわりとはなにか，整理してみよう。

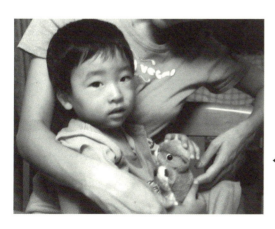

◀子どもが不安を感じたとき，身近な保育者とのかかわりや援助によって情緒的安定がもたらされる

乳児は，生後，徐々に自分を取り巻く世界を認知しはじめる。この時期，特定のおとなが子どものペースを図りつつ積極的かつ応答的なやりとりを交わすことによって，後の対人関係にもつながる情緒的絆が形成される。だいたい生後6カ月ごろになると数人の親密なおとながわかるようになり，その相手に対してはたらきかけていく姿が見られる。また，応答的環境の中で生活することにより，子ども自身のもつ適応能力が発現していく。生後8カ月ごろには人に対する弁別がより明確になり，人見知りが発生する。この時期，子どもは身近なおとなとの安定した愛着関係を基盤とし，周囲の環境に対して自発的な探索活動を行うようになる。保育者はそのことに留意し，愛情豊かに子どもを受容することで情緒の安定を図り，温かい雰囲気の中，子ども1人ひとりの状態に応じて十分な相互作用を行っていく必要があるだろう。1歳を過ぎると，歩けるようになるなど運動機能の発達がめざましく，子どもの生活空間が広がっていく。おとなと玩具などのものを介したやりとりを交わしたり，だんだんとものをなにかに見立てるなど表象機能の芽生えが見られる。保育者との安定した関係を基盤としながら，ほかの子どもにも関心を示し，かかわろうとする姿がある。

　2歳ごろになると，自我の発達とともにおとなの手を借りずに"自分で"やりたいという気持ちをもつようになるが，まだ自分の力ですべてのことができるわけではない。また，おとなや他児に対して欲求を強くもち，反抗や自己主張が起こってくる。こうした発達的変化に対し，周囲のおとなは今までに比べてわがままになったと否定的にとらえたり葛藤したりすることもあるが，自我の発達であることを理解し，子どもの気持ちを受け止めつつ支援すること，見守ることが重要である。3歳以降，幼児期の子どもは心身ともに発育・発達を示す。家庭や園を通して基本的な生活習慣を身につけ，主体性が培われる時期である。幼児は，園の集団生活において，保育者との関係を軸としながら同年齢の他児との仲間関係・友だち関係を形成し，遊びを中心とした活動に取り組むようになるのだ。

　乳幼児期の他者に対する認識や愛着関係の発達についておおよその概要を述べた。保育所保育指針（厚生労働省平成29年告示）第1章総則に示される基本原則には，保育の環境において「保育室は，温かな親しみとくつろぎの場となるとともに，生き生きと活動できる場となるように配慮すること。」とされている。保健的環境や安全の保全の下，保育者が温かく受容的・応答的に子どもとかかわることで，子ども1人ひとりがくつろいで安心・安定の感覚をもち，自分を肯定し気持ちが通じ合う感覚が育まれ，周囲のさまざまな環境にはたらきかけようとする主体性が育つのである。

　次に，幼児期の生活の中で中心となる遊びに焦点をあて，事例を取り上げながら子どもの姿と保育者の援助を見ていく。

◀ 安全性に配慮しつつ，子ども自身がやりたいと思う気持ちや意欲を大事にし，子どもが挑戦できる環境を構成することが重要である。この写真の例では，靴を脱いで登り棒に登る子どもたちを見て，保育者は下にシートをしいている。園庭のほかの遊びや子どもたちもかかわりつつ，ようすを見て声をかけ，援助を行っていた

2 遊びの中の保育者の役割

　保育者は個々の子どもの活動場面に応じてさまざまな役割を果たし，遊びを中心とした子どもの主体的な活動を豊かにしていくよう留意していかなければならない。子どもが今，なにに興味をもち，なにをしたいと思っているのか，そして個々の子どもにはどういった課題があるのだろうかといった点を踏まえつつ，子どもが実現したい事柄に対する援助を行っていく。保育者は子どもの視点に立って子どもの内面を理解していかなければならない。こうした子ども理解に基づき，子どもの活動を広げ，個々の成長を促すための保育者の援助はどこまで必要なのかを日々の保育を通して振り返り，予想を立てることによって，計画的に環境を構成するのである*。

　保育者の役割の中には，主として，子どもといっしょに遊んだり，子どもが困難を抱える場面で援助を行ったりするなど，子どもに対する直接的なかかわりと，子どもの興味関心を喚起するようなものや場所をつくったり，子ども同士のやりとりに保育者がかかわらず見守ったりするなど，間接的なかかわりとがある。次に挙げるのは，子どもの活動が展開していく中で見られる子どもの姿，そしてそれに対する保育者の直接的・間接的かかわりが示される事例である。

*保育現場の環境にはどのような配慮がなされているだろうか。保育室や園庭などの環境図を作成し，考察してみよう。

事例5－1－1　環境構成と子どもの声

　ある幼稚園の6月から7月にかけての事例である。ある日，3歳児クラスで浸し染め製作を行った。幾種もの色と模様が紙に現れるのを見て，保育者とともに子どもたちはおおいに楽しんだ。何人かの子どもは1枚つくるだけでは満足せず，「もっ

とつくりたい」と保育者に紙をもらい，何枚も浸し染めをつくった。「きれいだね」「お花みたいだね」，子どもたちの中から声が上がった。

　降園後，たくさんできた浸し染めを前にし，保育者はその中の1枚を使って花びらをつくり，緑の折り紙で茎と葉をつけて部屋に飾ってみる。当初，大体1人1枚ずつ程度つくってみる予定だったが，興味をもつ子どもたちが多くおり，また紙も多めに用意してあったので，興味がある子どもたちは何枚もつくった。そのため，浸し染めの紙が予想より多くできあがったので，保育者はこれをなにかに生かせないかと思い，子どもの声から発想して花をつくり，子どもの目につく場所に飾っておいたのである。

事例5−1−2　花づくり

　休みが明け，浸し染めの活動から数日経った日の子どもの姿である。登園してきた数人の子どもが「あれ，これ！」と飾った花に気がつき，「先生がつくったの？」「どうやってつくったの？」と保育者に話しかける。保育者は登園してきた子どものようすを見守り，着替えに対する援助を行いながら，「この間いっしょにつくった浸し染め，色がとってもきれいでお花みたいって言ってたでしょ。先生，花びらにして，ちょっとつくってみたの」「いっしょにつくってみようか」などと，興味をもった子どもたちと会話を交わす。保育者はみんなでつくった浸し染めの紙，緑の折り紙，はさみ，セロテープを出し，椅子に座ると1つつくってみせる。

　興味をもった子どもたちが集まってきて，「あ，いっしょだ！」「つくりたい！」と先生のまねをしてつくりはじめる。緑の折り紙を丸めて茎の部分をつくるのが難しく，「先生できない」という子どもに対しては，「こうやって端っこから丸めていくんだよ」といっしょに手を添えながら援助する。最近クラスでは新聞紙を丸めて剣をつくって遊ぶ男児もおり，新聞紙で慣れていて上手に丸めることのできた子どもが「見て！」と見せにくる。保育者は「あ，上手にできたね。どうやってやるの？教えて」と言い，再度つくってもらうと，周囲の子ものぞき込む。すると，保育者がつくり方を教えなくても「つくって」と子ども同士でつくってもらったり，教え合うようすも見られた。

事例5−1−3　（事例5−1−2の続き）「お花屋さん」のイメージ

　保育者は，先週の子どものようすを振り返りつつ，花をつくる際に子ども同士がいっしょに並んで見合うことができるように机を配置したり，道具を用意するなど，必要な環境を事前に構成している。

　子どもたちは花をつくっていくことに興味を示し，次々につくっていくので，いつの間にかたくさんの花ができあがってきた。保育者は「たくさんできたね，一杯のお花，どうしようか」と言うと，子どもたちの中から「お部屋に飾っておくの」「お花屋さんみたい」という声が上がった。

　すると保育者はとってあった包装紙を出してきて，子どもたちのつくった花を数本束ね，包装紙で包んで子どもに渡す。「お花屋さんだ」と受け取った子どもは胸

に抱え，クラスの中を歩き回っている。すると，今度は自分でつくった花を保育者のところに持ってきて，「これも巻いてお花屋さんにして！」と言ってくる。保育者が花を包装紙で巻くと子どもは「私もお花屋さんだよ」と近くにいた子どもにも見せ，「お花屋さんでーす」と周囲に向けて声を上げ，呼びかけはじめた。

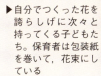
▶自分でつくった花を誇らしげに次々と持ってくる子どもたち。保育者は包装紙を巻いて，花束にしている

　3歳児にとって，紙を丸めるのが難しい子もいると予想されるが，そうした場合には必要に応じて保育者が援助を行う。また，保育者－子どものやりとりだけではなく，時に子どもが教え合ったりいっしょにつくったりするよう保育者が促し，一歩引いて見守る場面などを設けることにより，子ども－子ども同士のやりとりの機会が生まれるのだ。

　浸し染めの活動を振り返り，子どもとともに色彩を感じつつお花をつくって楽しむことが保育者の主たるねらいであった。しかし，お花づくりが予想以上に盛り上がりをみせたため，保育者は花づくりを行い，さらに子どもたちの"お花屋さん"という発想に注目している。この事例の保育者は，なにかの折に使った包装紙など，普通なら捨ててしまうが，保育の中で生かす素材になるかもしれないと捨てずにとっておいたのだと述べていた。子どもたちの中で，花づくりや花束が"お花屋さん"に結びつき，つくることの楽しさのみならず，"お花屋さん"になったつもりの世界を楽しむ姿が見られたのである。

◀ごっこ遊びの看板を保育者とつくる。「これ，なんて読むの？」と尋ねる子どもに，保育者は文字を読み上げている。数字や文字などが生活の中にあることで，子どもが興味をもったり，読んでみたい・書いてみたいという意欲につながるだろう

この3歳児クラスの事例では，充実したある1つの活動が次のまた別の活動につながり，豊かさをもって広がっている。子どもの声や姿に目を配り，随所で応答していく保育者の姿があった。日々のクラスの生活と活動の中で，子どもがどのようなことに興味をもっているかに目を配り，次の活動に生かしていくことによって，活動が広がっていくのである。子ども同士の関係も，最初は保育者との関係を軸としながら，周囲の子どもたちへと広がり深まっていく。こうして活動の展開を追ってみると，人・物・事・場が相互に関連し，子どもを取り巻く環境をつくり出していることがわかるのである。

　子どものもつ豊かな発想・経験に保育者が応じ，実現を援助しようとする際，時に保育者の予想を超える出来事が起こってくる。子どもの姿を予想し，年齢に応じた言葉の使い方を考え，場に応じて柔軟な対応を行っていくことは，保育者にとっての課題でもあり，保育者自身の成長にもつながる。しかし，保育をしながら子どもの姿を見取り，予想を立てていくことは容易ではない。実習生や新人の保育者の多くが困難を感じるようだ。ある新人保育者の言葉を例に挙げてみよう。

●ある新人保育者の言葉●
　「『面白い遊びをしているなぁ』と思って見ているだけでその場で終わってしまって…。ちょっと経ってから『ああ，あれ出しておいてあげればよかった』って。その場で遊びを見て出すっていうことがなかなかできない。3歳は言葉（がけ）がすごく難しくて，いつもA先生（主任の先生）のを見て，『ああ，ああやって言えばいいんだ』と，気づいたりして。」

(野口，2003より抜粋)

　まずは，日々の子どもの行動や内面，発達を読み取り，子ども理解に基づいて保育の計画を立てることが重要である。そのうえで，さらに計画や予想と異なる子どもの姿があるかどうか，保育実践における子どもたちのかかわりを通して敏感にキャッチし，そこから自分の保育計画を省察していく。この省察を次の保育実践・保育計画に生かしていくのである。このように，毎日の保育を積み重ねることによって子ども自身の経験が豊かに積み上がっていくよう意識することが保育実践の課題である。

　子どもの主体的な関与は，個々の活動の広がりや豊かさにつながる。日々の保育の中ではいろいろな活動や遊びが展開されているが，保育者が子どもの視点から活動を読み取り，そのとき，その場で必要なものを用意し，援助を行っていくことによって，個々の活動は生活の中で時につながりをもって展開していくのである。さらに，"このとき，この場"，すなわち今の子どもと向き合い，理解しよ

うとする姿勢と，明日，あるいは学期・年間を通してなど，子どもの成長を見通し，発達に応じたかかわりを行っていく必要がある。

2. 子どもにとっての友だち

1 子ども同士のやりとり

　子どもにとって，保育者や保護者などのおとなとのやりとりでは，自分の欲求や主張は理解され，受容されることが多い。しかし，集団生活の同年齢児とのやりとりでは，互いの要求・主張がぶつかり合い，自分の思いが通らない経験を数多くすることになるだろう。同じ事物をめぐって共感し合える関係，いっしょに協同して遊ぶ楽しさ，達成感は子どもの成長を大きく促していく。他児との欲求のぶつかり合いやいざこざによる葛藤の経験を通して，他者の視点・気持ちに気づき，自己統制や他児とのコミュニケーション，思いやり，集団生活におけるルールなどを学んでいくのである。

　また，ふだんいっしょに過ごすことの多いクラスの友だち・仲間だけではなく，園の年長クラスの子どもたちの存在は身近な役割モデルとなる。"あのお兄さんお姉さんたちみたいになりたい，やってみたい"という憧れの気持ちとともに，子ども自身の挑戦してみようという意欲を喚起するのだ。子どもが自分と周囲にいる他児とを比較し，"自分はできるようになった""もう赤ちゃんじゃないから"などという言葉もよく耳にする。子どもにとって，園でともに過ごす他児の存在は非常に影響力をもつのである。

　ここでは，幼児期の子ども同士のやりとり，他児とのいざこざに関する事例を中心に取り上げることによって，子どもにとっての友だち・仲間関係，そして子ども同士の関係と保育者の役割について考えていく。

◀5歳児クラスで飼っているカタツムリを世話していると，3歳児クラスの子どもが興味をもってそのようすを見ている。霧吹きで水をかけ，「餌，食べるのかな」「やってみたい」など，異年齢の子ども同士で互いに会話しながらかかわっている

事例5-2　自分の思いと他児の思いのすれ違い
　3歳児女児の事例。ある日，N子は登園してきたM子の方をじっと見ている。M子の頭を見ると，きれいなビーズのついたゴムで髪を縛っている。N子はM子に近寄り，無言で頭に手を伸ばす。それに気がついたM子は「いや！」とN子の手を避ける。
　するとN子はM子に近づき押そうとする。M子は泣き声を上げる。近くにいた保育者がN子を引き寄せて止めると「押しちゃだめよ。どうしたの？　M子ちゃんいやだって言ってるよ。N子ちゃん，M子ちゃんの髪留めかわいいねって言いたかったのかな？　それとも，いっしょに遊ぼうって言いたかったのかな？」保育者がN子に尋ねると，N子はうなずく。保育者は「そうか，遊びたかったのか，そういうときはいっしょに遊ぼうって言うんだよ。押したらM子ちゃんわからないよ」と話すと，M子に「N子ちゃんね，M子ちゃんの髪留めかわいいね，いっしょに遊ぼうよって言いたかったんだって」と話しかけ，「N子ちゃん，M子ちゃんにごめんねっていっしょに言ってみようか」とN子に促し，N子といっしょに「ごめんね」と言うと，M子はうなずいている。

　自分がこうしたいという強い欲求がみられるが，自分の気持ちを言葉によって表すことが難しく，相手とすれ違うことが多い年齢である。他児を叩いたり押したり，噛むといった行為も時に見られ，集団生活場面では子ども同士のトラブルが多く発生する。他児にとって不快で危険を伴う攻撃的行動を保育者が適宜，場に応じて止めることも重要だが，なによりも目に見える行動の背景にある子どもの思いを推測・理解して受容するとともに，子どもの感情の揺れを自我の発達の表れとして丁寧に見取り，援助する姿勢が大切である。子どもの思いを代弁したり，相手との適切なかかわりを促したり，子どもが納得できるよう保育者が子ども同士の仲立ちをしつつかかわっていくことが必要である。
　集団生活を送る中で，園のルールを理解し，守ろうとする気持ちが出てくる。また，保育者の仕事を観察し，お手伝いをするようになる。その一方で，保育者の代わりに「～しちゃいけないよ！」ときまりごとから逸脱した子どもに注意をして逆にいざこざになったり，「あの子は悪い子だ」というような固定的イメージを強くもってしまうケースも出てくる。保育者には，集団の育ちや変化をとらえ，状況に応じて子ども同士の関係を調整する役割もある。

事例5-3　仲間関係・友だち関係の形成といざこざ
　（状況：3歳児クラス10月の事例である。2学期に入り，クラスがだんだんまとまった雰囲気をもつようになる。また，子ども同士特定の仲よしで遊ぶ姿が多く見られている。

> そうしたクラスの雰囲気の中，D男は自分の気持ちを素直に表すことが苦手で，しばしば他児に対して乱暴なかかわりをすることも多く，トラブルになることが多い。D男はG男に関心をもっており，かかわっていこうとするが，G男はいつもいっしょに戦いごっこをしているT男と遊びたい気持ちが強く，D男を避けようとする。)
> G男とT男とD男が園庭で話をしている。D男:「僕の仲間は？」T男:「あの人」とすぐ近くで遊んでいるR児を指差す。G男:「Dは仲間じゃない」。するとD男は「いや！」と叫んでG男を叩くと，G男は泣き出してしまう。D男は泣き出したG男を見て，困った顔で「ごめんね」と何度も言うが，G男はD男を避ける。
> T男:「先生呼びに行かなきゃ」

　好きな友だちといっしょに遊びたいが，その相手から拒否されてしまう場面である。仲間入りの際，「入れて」「いいよ」といったパターン化したやりとりもよく見られるが，時に「だーめーよ」と拒否されることもある。子ども同士の関係でなにかトラブルが起こったとき，まだ子ども同士で解決ができない場合，子どもは直接保育者に援助を求めてくる。一方で，保育者からは一見仲よくいっしょに遊んでいるように見え，子どもが直接援助を求めてこない場合でも，実はそのやりとりを詳細に追っていくと，印象とは異なる子どもの姿が見えてくることがある。たとえば，主張の強い子どもに対しうまく自分を出せないでいる子ども，グループで遊んでいるごっこ遊びの中でつねに特定の役割を担っていて，違う役割が取りたくても取れない子ども，なんとなく遊びからはずれてしまう子ども，一見いろんな子どもと仲よく遊んでいるが，ひとつの遊びに十分取り組んだという満足感がもてないでいる子どもなど，さまざまである。子どもの成長に伴い，今まで毎日いっしょに遊んでいた友だち関係が微妙に変化することもある。

　子ども同士の関係や子ども1人ひとりの課題について，保育者がこまやかに読み取るまなざしをもつことが大切である。そのうえで，好きな友だちと遊びたい，受け入れてもらいたいという子どもの思いを保育者が受け止め援助を行っていく。その際，子どもが自分で自分の気持ちをきちんと相手に伝えるにはどういうふうに言えばいいか，保育者は適切なかかわり方を子どもに示唆したり，いっしょに考えたり，一歩引いて見守るなどの援助を行っていく必要がある。時にクラス全体の活動を通して，保育者が子ども同士で新たな出会いと関係が形成されるきっかけをつくったり，子どもが自分を発揮できるような場を設けてみたりすることも手立てのひとつとなるだろう。

事例5-4　遊びのイメージやルールをめぐって

　5歳児クラス9月の事例。ここ数日，登園してからすぐにバドミントンを始める子どもたちの姿が見られている。

> A子：「S子ちゃんいっしょにバドミントンしよう」と誘っている。するとちょうどそこにきたF子にも「F子ちゃんいっしょにバドミントンしよう」と声をかける。
> F子：「バドミントンやらない」
> A子：「がくー」（と落ち込むしぐさ）
> 　A子，S子とともにラケットを持って園庭に移動する。
> 　A子が羽を打とうとするが，ラケットに当たらず落ちてしまう。何度か試みるが，失敗する。早く打ちたいS子が落ちた羽を拾おうとするが，先にA子が拾って再度挑戦しようとしている。そこに，先ほどバドミントンを断ったF子がやってくる。
> A子：「F子ちゃんやんないっていったじゃん」
> ようすを見ていたF子：「羽を持ってパン！　って。いいから早くー」
> O男もやってくる。O男：「なにやってんのー？　僕もやりたい。仲間に入れてー」
> A子：「3人しかできないっつーの。じゃ，1対1で，O男くんとY男くん2人でやればいいじゃない。」
> S子：「決定——！」
> A子：「まだ決定じゃない，ここ3人とここ2人〜」
> F子：「はいって手を上げた人がー，この羽がー，S子ちゃんが持ってる，手を上げた人は羽を叩くんだよ」

　5歳児クラスの活動では，ルールのある遊びが盛んに行われるようになる。また，年少時に頻発したものや場所をめぐるいざこざは，より年長になると協同的な遊びを行う中で発生するようなイメージに関するいざこざが中心を占めるようになる。時に，イメージの相違をめぐって口論となるが，3歳児のように短いやりとりですぐに物別れに終わり，保育者が仲立ちをしてかかわっていかなくても，5歳児頃になると自分のイメージを相手に伝え，子どもたちだけでやりとりを長く継続的に続けることが可能となってくる。やりとりを交わす中で，相手に妥協したり，交渉したり，自分の気持ちなどを説明して，子ども同士の主体的な解決を見つけていくことが可能になっていく。

　いくつかの事例を通して，子ども同士のやりとりを取り上げた。いざこざ・けんかなど，子ども同士の葛藤が見られる場面で，おとなが子どもの気持ちを理解しないまま「仲よくしようよ」「ジャンケンで決めよう」など安易に述べたり，一方的に解決を押しつけたりするのは，幼児期の子どもたち同士の主体的なやりとりや解決を促すうえで望ましいとはいえない。友だちと仲よくする，思いやりの気持ちをもてるようになる，など，期待される子どもの心の育ちは，十分に他児とかかわる経験の中で自己発揮し，相手に受容されることを嬉しく思う心，そして時にぶつかり合って葛藤する心など，多くの側面を伴ってだんだんと培われていくのである。

振り返りや話し合いなどで，子どもたち同士互いの思いや考えを共有し，共通の目的の実現に向けて考えたり工夫したりするような協同性を育む場を大切にしたい。時にすれ違いやぶつかり合う中で，他児の考えに触れ，どのようにしたらよいか考え，自分の思いや考えを言葉にしようとしたりする気持ち，興味をもって相手の話を聞き，相手の立場に立とうとする気持ち，人と協力する楽しさから相手を尊重する気持ちが芽生えるのだ。

3. 人的環境と子どもの育ち

① 子どもを取り巻くさまざまな人的環境

　保育者との関係，子ども同士の仲間・友だち関係以外に，保育現場にはさまざまな人的環境がある*。たとえば，園の職員，保護者，地域の人々など，さまざまな人々とのかかわりを積み重ねることによって，子どもの社会的発達が促されていく。

　とくに，園と家庭との関係性は子どもの豊かな生活経験を保障し，見守るうえで非常に重要である。乳幼児期の子どもは，家庭での身近なおとな（養育者）との親密な関係による生活から，保育現場での集団生活との移行を経験しながら新たな関係に出合う。子どもは園と家庭という異なる生活環境を行き来している。養育者にとって，保育者から園の活動や子どもの姿について聞くことが，子育てを行っていくうえで貴重な情報源となりうる。また，子どもと行う園での生活に関する会話は，園と家庭という異なる生活環境をつなぐ重要な機能を果たしている。次の事例は，園に通う母親と3歳の子どものやりとりである。母親が知らない子どもの園での姿を聞こうとしているようすがうかがえる。

*保育現場にはどのような人々がいるのか。それぞれの人の役割と子どもとの関係性について考えてみよう。

> **事例5-5　親子の会話**
> 母：じゅーす　のんだの？　おべんとう　たべた？
> 子：(不明)
> 母：からあげ　たべた？
> 子：かりゃ　かちゃあ　たえた
> 母：ほんと　おいしかった？
> 子：(以下不明の発言を続ける)
> 母：おいしかった？（沈黙）おいしかった？（沈黙）
> 子：かった
> 母：うーん　おいしかった
> 子：おちちゃったー　おっちゃった

> 母：おともだち　けんか　した？
> 子：けーんか　ちた　けんか　ちた
> 母：うーん　けんか　したの
>
> （小松・野口，2001より抜粋）

　次に，園に通うようになった入園後間もない子どものようすについて語る母親の語りを取り上げてみよう。子どもとの会話を通して，子どもの園での経験や他者との関係を知りたいという思いが表されている。親にとって子どもとの会話は，園での生活に関する情報収集であると同時に，離れている間の経験を子どもと共有する機能をもっている。また一方で，親の知らない子ども独自の世界を尊重したいという思い，子どもの育ちを見守る気持ちがあることが推測される。

> ●母親の語り●
>
> 母親A：子どもを見るのと，あとは先生に気になったことを聞いたり，あとは普段から，うちの子も乱暴なところがあるので（中略）そういうことも全部話してくださいっていうふうにお話しておいて，やってしまったときは「いけないことだよ」ってその場でいわれてもわかんないと思うんで，もう一度家に帰ったときにお話の材料にして（中略）ほんと，<u>先生が話してくださらないと全然わからないので</u>。
>
> 母親B：先生から降園の時にお話いただいて，今日なになにやったって聞いたんだけどっていうと「うん，なになにやったんだよ」で終わっちゃって，そのもう一歩先を私知りたいんですけど忘れたとかわかんないとかで。<u>面倒くさいのかもしれないんですけど，本人にしてみればもう僕の幼稚園なんだからっていう意識があったのかもしれないんですけど</u>。
>
> （小松・野口，2001より抜粋）

▶連絡帳や掲示板など，園での子どものようすを知る情報をいかに保護者に伝え，連携を図るかが重要である。個々の子ども・家庭の連絡事項だけではなく，日々のクラスのようすと保育の内容，その意味について伝えていきたい

ともに子育てを行っていくという意識をもち，園での子どもの生活，子どもの育ち，活動の意味などを保育者が養育者に伝えていくことは，保育者・養育者双方にとって意義あることである。保育の場では，園から保護者に発信する通信，連絡帳，送迎時の会話などの機会が有効に活用されている。園と家庭の連携を考える際，保護者から園に対する強い要求，保育者に対する厳しいまなざしがしばしば見られるが，一方では子育てに対する不安感と保育者への期待感が背景にある場合も少なくない。保育者と保護者の相互の信頼関係を築き上げることが大切である。

近年，高齢者をはじめとする幅広い世代，地域の人々との交流が重視されている。保育の場では，小学校との連携のために幼児と児童が出会い，活動をともにする交流の機会を設けたり，次世代の育児・幼児教育を担う中高生が園を訪問し，乳幼児と接するという貴重な体験をするという試みが行われたり，そして商店で働く人々といった地域の人材との交流などがみられる。

また，中央教育審議会（2005〈平成17〉年1月）「子どもを取り巻く環境の変化を踏まえた今後の幼児教育の在り方について（答申）」によると，社会環境の急速かつ大きな変化により，家庭や地域社会における教育力が低下し，それに伴って幼稚園等施設の教育効果に影響を及ぼしているという指摘がなされている。そのため，今後の幼児教育の取り組みの方向性として，"家庭・地域社会・幼稚園等施設の三者による総合的な幼児教育の推進"が挙げられている。子どもの生活は家庭や地域社会とつながり，連続性をもつものであることを意識し，子どもを取り巻くさまざまな人間関係とかかわりを通して子どもの生活や経験が豊かなものになるよう工夫し，連携を図ることが求められている。そして，そのためには，園内における教職員同士の連携が非常に重要なのである。

2 保育者の役割："保育者になること" とは

保育者は子どもの周囲を取り巻く環境を構成し，子どもとかかわりながら保育を行っていく。しかし，保育者自身，意外と周囲の環境に気づかず，忙しい毎日の中で無意識に保育をしている部分も多い。当たり前のように実践していることをあらためて振り返り，意味をとらえ直し，「省察（リフレクション）」することによって新たな側面に気づき，明日の保育への第一歩とすることができる。秋田（2000）は保育における省察のポイントをいくつか挙げている。まず第一に他者を交えて語り合う時間をもつことの重要性，第二に印象だけに流されず，子どもの個々の行動や言葉など，具体性を伴って振り返ることを挙げている。第三として，活動や1日の単位，そして，より長期的時間の単位，制度や物理的環境などといったマクロな環境を踏まえた省察である。第四にいくつかの水準から多面性

をもった振り返りを行うということである。すなわち，保育がうまくいったか否かに終始するのではなく，保育の方法が「いかに」うまくいったのかを考える省察，保育実践が子どもや保育者にとってどのような意味があったのかを主観的に考える省察，そして，「なぜ」この保育をするのかを問う省察を挙げている。そして，省察を頭で考える知的作業としてのみとらえるのではなく，子どもとかかわったときの保育者自身の感情や身体感覚などを起点としてとらえ，省察を行っていくことが必要不可欠だと述べている。

保育者には，専門家としての資質向上を目指し，自ら学ぶ姿勢が求められている[*]。保育者は子どもの成長と発達を促す存在であると同時に，保育者自身専門家として成長することを意識し，日々の保育実践を改善していく学び手でもあるのだ。

最近では，周囲の身近な環境で乳児や幼児と接する経験が少なくなり，保育者を目指す学生の中でも，実際に子どもとかかわる経験が不足している場合がある。また，たとえ家族や友人の子どもと遊んだり世話をするなど，子どもと接する経験をもつ者であっても，子どもが集団生活の中でどのように過ごし成長していくのかということ，そして保育者として子どもにかかわる際にどのような役割が求められているのかを学ぶことが重要な課題となる。

そのためには，乳幼児期の子どもの発達や保育者の役割について，ある程度知識として理解し，そのうえで，さらに1人ひとりの子どもの育ちと個人差，個性をとらえ，適切な対応が可能となるよう，実践しながらトレーニングし，保育者としての目を養うことが必要となってくる。

＊次の資料を読んでおこう
文部科学省（2002）「幼稚園教員の資質向上について―自ら学ぶ幼稚園教員のために―」幼稚園教員の資質向上に関する調査研究協力者会議報告書
厚生労働省「保育所保育指針」（平成29年告示）第5章　職員の資質向上
「全国保育士会倫理綱領」（2003）

●学生の実習体験より●
　保育所での実習を初めて経験した学生に実習の話を聞いてみる。すると，実習を振り返った多くの学生が子どもと接することを楽しみ，保育者という仕事への期待とやりがいを感じつつ，一方で実習中に生じた悩みや失敗，反省点などを語っていた。

実習生A：「実習に行く前は，姉の子どもの世話をしたり，近所の子どもと遊んだりしていたので，実習に行って子どもとかかわるのが楽しみだった。しかし，乳児とかかわろうとしたとき，人見知りをして拒否され，落ち込んでしまった。また，子どもが泣いている意味がつかめず，すぐに泣きやませようとあわててしまい，うまくいかなかった。」

実習生B：「食事の際，口元にスプーンを持っていくが，顔を背けて食べてくれない。

担当の先生が自然に話しかけながらスプーンを差し出すと，すっとスムーズに食べる。子どもによって，ちょっとしたタイミングがあるのかなと難しく思った。」

実習生C：「1人の乳児を食事用の椅子に座らせ，食事を与えようとする際の大失敗。ほんの一瞬，ものを取ろうとしてふと目を離した間に，子どもが動こうとし，椅子ごと後ろに倒れてしまった。とっさに手を出したのでなにごともなかったが……。気をつけていたつもりが，ふと気を抜いたときにケガにつながる出来事が起こるのだと身の引き締まる思いだった。」

実習生D：「子どものお世話をしようと，自分は張り切っていた。なかなか着替えができない子がいたので，できないところを手伝ってあげたら，担任の先生から『○○ちゃんは着替えができる子なので，着替えさせるのではなく，自分でできるよう見守ってあげて下さい』と言われた。どこまで子どもにまかせるのか，担任の先生と観点が違っていて戸惑った。」

実習生E：「4歳児クラスで実習をしたときのこと。1人の子をめぐってどちらがいっしょに遊ぶか子ども同士でいざこざが起こった。かなり激しいやりとりだったので，止めようと『みんなで仲よく遊ぼうよ』と声をかけたのだが，まったく耳を貸してくれなかった。どういう声かけをしたらいいのか，悩んだ。」

同様の場面を経験したことがあるだろうか。こうした場面に遭遇した場合，自分だったらどうするだろうか。子どもの発達や1人ひとりの特性によって，保育の留意点は異なっており，保育者はそれらに応じて行動している。そのため，同じ場面に対面していても，実は実習生と保育者とでは保育の意図や子ども理解，

◀園で行う劇の踊りを，曲に合わせて踊っている数人の子どもたち。1人ひとり，こういうふうに踊りたいという気持ちを口にし，さまざまな身振りを工夫し考えている。日々の生活の中で，子どもたちの声に耳を傾け，大切にしながら保育を考えていこう

立ち振る舞いがずいぶん異なっている。保育者の方が，子どもとの生活を通してよりこまやかな視点をもって動いているといえよう。

「学生の実習体験より」で取り上げた実習生の声のような問いや悩みが生じた場合，あらためて自分を振り返って考察していくことが必要である。実際の現場で保育者はどのように振る舞っているのだろうか。保育者と実習生とでは，子どもへの対応はどのように違っていたのだろうか。子どもと自分の関係は，担任の保育者と子どもの関係とどのように違っているのだろうか。「学生の実習体験より」で取り上げた実習生の声などを参考にしながら，保育者の視点や役割，子どもとの関係について考え，保育者になるための学びにつなげてほしい。

【引用・参考文献】
秋田喜代美『知をそだてる保育』ひかりのくに，2000
小松孝至・野口隆子「幼稚園での経験に関する3歳児と母親の会話－その意義と機能に関する考察と検討－」『大阪教育大学紀要』，第50巻第1号，pp61－78，2001
野口隆子「保育者の専門性と成長：メンタリングに関する研究動向」『人間文化論叢5』，pp331－339，2003
中央教育審議会「子どもを取り巻く環境の変化を踏まえた今後の幼児教育の在り方について（答申）」2005
厚生労働省『保育所保育指針』（告示）2017
文部科学省『幼稚園教育要領』（告示）2017
内閣府・文部科学省・厚生労働省『幼保連携型認定こども園教育・保育要領』（告示）2017
秋田喜代美『保育の心もち』ひかりのくに，2009
秋田喜代美『保育のおもむき』ひかりのくに，2010
文部科学省『幼稚園教育指導資料　第3集　幼児理解と評価　平成22年7月改訂』ぎょうせい，2010
社会福祉法人全国社会福祉協議会・全国保育協議会・全国保育士会『全国保育士会倫理綱領』2003
無藤隆・汐見稔幸・砂上史子『ここがポイント！　3法令ガイドブック』フレーベル館，2017

第6章 子どもの発達と物的環境の役割

〈学習のポイント〉　①物的環境とはなにか，またどんなはたらきがあるのかについて理解しましょう。
②保育者はどのように物的・空間的環境を構成しているのか考えましょう。
③園具や教具の意義について考えましょう。
④保育の質を向上させ，健康・安全を確保するためには，どんな配慮が必要でしょうか。

　子どもの発達において，環境は大きな影響を与えており，「幼稚園教育要領」および「幼保連携型認定こども園教育・保育要領」では，乳幼児期の教育・保育について「環境を通して行う」ものとすると述べられている。また「保育所保育指針」では，「環境を通して」，養護及び教育を一体的に行うことが示されている。人やものとのかかわりが重要であることを踏まえて，保育者は日々より望ましい物的・空間的環境を目指して，構成や再構成をする必要がある。

1. 物的環境の意義

　園内の物的環境というと，なにが思い浮かぶだろうか。花や樹木のような自然環境のほか，滑り台，ブランコ，ジャングルジムなどの固定遊具や，積み木，三輪車，ボール，縄とびの縄などの移動遊具，紙やはさみ，クレヨン，絵本などの教具を挙げる人もいるかもしれない。物的環境には大きく分けると，①水や砂や泥などの自然，季節や天候，②動物や植物，③場や空間，④園具や教具，⑤材料や素材がある。つまり，保育者や仲間といった人的環境以外のあらゆるものが，物的環境と呼ばれているのである。

1 環境の応答性

　物的環境は，子どもの周囲から刺激を与え，発達を促すだけでなく，物的環境自体も子どもからのはたらきかけを受け止め，変容していく。このような「環境の応答性」は，子どもが物的環境に対してはたらきかける動機づけを高めている。
　たとえば，砂場で遊ぶとき，砂には可塑性*があるため子どものはたらきかけ方によって，砂がさらさらと手から落ちたり，手足を埋めたり，山になったり，だんごになったりするなどして応答する。さまざまな年齢の子どものはたらきか

*可塑性とは，物質などの，力を加えると変形しやすい性質のこと。ここでは，砂や土，粘土などの自在に形をつくりやすい性質を指す。

けに応じて、それぞれに形を変え、その結果が目で確認できる。砂山にトンネルをつくるといった少し高度なかかわりの場合、しっかりと叩いて固めながら山をつくったり、丁寧に少しずつ穴を掘ったりしないと、すぐにくずれてしまう。環境が必ずしも子どもの思い通りにならない点も、子どもがさらに工夫して、繰り返し主体的に環境とかかわることを促している。

　また、さまざまな物的環境を用意しておくことも、子どもに多様な体験の機会を与えるために重要である。物的環境が豊富であるほど、さまざまな感覚が体験できるだけでなく、ものを選ぶ行為やものに対する多様な動きやかかわり方、ものの特性への気づきなどが引き出され、活動が広がるのである。

2 物的環境に込められたデザイン

　物的環境を構成するときに必要な視点として、柴崎（1997）は、①発達、②生活リズム、③活動リズム、④人数、⑤友だち関係の強さを挙げている。まず、子どもの発達や年齢にあった環境を構成することが重要であり、使用経験や扱いやすさなどによって園具や教具、素材の種類を変えたり、どこまで環境を用意しておくかも異なってくる。次に、1日の中にも活動するときと休憩するときがあるので、身体的な生活リズムを考慮しながら、環境を構成することが望まれる。また、単調な活動では飽きてしまうので、集団的な活動と1人で楽しむ活動、製作する活動と製作したもので遊ぶ活動のように、活動自体にリズムを生み出すことも大切である。活動への参加人数によっても環境のつくり方は異なり、多ければ広い場所や多くの遊具などを用意し、人数が減れば場を狭めて遊具も片づけるなど、環境の再構成が必要になる。さらに、友だち関係によって環境の構成は変化するのであり、特定の子どもの友だち関係を大事にしたい場合、いっしょに遊んでいるところをほかの仲間に邪魔されないように周囲を仕切りで囲うなどの配慮をすることもある。

　また、物的環境をどのように構成するかは、指導計画と密接に関連している。指導計画とは、具体的な行為を計画して、必ずその通りに実施するといったものではない。戸田（2004）によれば、1人ひとりの子どもの思いを実現しながら育ちが保証されるように、子どもと保育者がいっしょにつくり出す遊びや生活全体が豊かになるように、保育を「デザイン」することである。園具や教具、空間のあり方といった物的環境は、子どもの発達や実態に応じて構成されており、保育者の思いや願いをよく反映している。公開保育や園見学などで園を訪れたとき、準備された物的環境から、そこに込められた保育者のデザインを読み取ることは興味深く、その読み取りを習慣づけると、保育環境を構成する際に生きてくるのである。

3 季節や自然

　砂，土，水，石，樹木などの自然のほかに，季節や雨，風，気温などの天候も環境のひとつである。意識的に四季の変化や動植物との出会いなどの自然を保育に生かすことが求められる。園内の自然から得られる季節の変化だけでなく，地域の公園や林，河原などを利用して季節に因んだものを見つけに行くなど，子どもが季節を十分に感じられるような配慮を心がけたい。

　また，水や土や砂といった可塑性に富んだ身近な自然素材と出会う機会も大切にしたい。衛生面などから，砂遊びや泥んこ遊びをあまり体験させていない家庭もあるため，抵抗のある子どももいるが，子どものペースに合わせて，砂や土，泥，水の感触の心地よさやおもしろさに気づけるように声をかけたり，場を設定したりする配慮が必要である。さらに，水場の位置が適当か，水運びの動線が他の遊びと交わって危険でないか，道具置き場が近くて片づけがしやすいかなどの，環境整備も求められている。

▲砂遊び：「足が見えなくなっちゃった！」（4歳児）

4 動植物

　動物や昆虫などの生き物や，花・実・種・落ち葉・草・枝などの植物も，知的好奇心を高める貴重な環境である。草花や昆虫であれば，好きなだけ自分で採集でき，採集したものは自分のものにすることができるという利点もある。園内外を探索して出会う動植物は，自然への親しみや興味，命の尊さなどを学ぶうえで大事な環境となるのである。

　栽培活動は，水やりなどの世話を通して植物の生長や収穫の喜びを感じたり，自然の変化やしくみへの気づきを促したりする。花や実，種，つるなどから，色水遊びや冠づくりなどの遊びへと発展することもある。

　ウサギ，モルモット，リス，ヤギ，インコ，カメ，カブトムシなどの飼育活動では，世話をしたり名づけたり接触したりする中で，自分以外の生命への愛着や

▲栽培活動：今日の収穫はキュウリ1本。誰が持ち帰る番かな？（5歳児）

▲飼育活動：「ウサギさん，キャベツ食べて」（3歳児）

思いやりの気持ちが育まれる。時には生死によって喜びや悲しみといった心を揺さぶられる体験から，命の尊さや世話の大事さを学ぶことになる。なお，アレルギーをもつ子どももいるので，配慮が必要である。

5 場や空間

　保育室，ホール，園庭，図書室などの部屋のほか，仕切りやカーテンなどで区切られたままごとコーナーや製作コーナー，人の目にとまりやすい外に開かれたテラスや廊下，狭くて囲まれている階段の下や小さな小屋，デン*など，園内にはさまざまな空間がある。活動をどんな場で行うのか，空間の広さや高さはどの程度かによって，活動の展開は異なる。同じ空間でも，活動内容や参加人数によって，再構成しなければならない。

　また，活発に活動する場や空間は多く用意されているが，子どもの調子に応じて，1人になれる場や隠れる空間，あるいは柔らかいクッションやマットレスなどがあるくつろぎの場も必要である。長時間の保育（延長保育）や一時預かり**などを実施する場合，子どもの負担にならないような空間や家庭的な場を確保す

*デン：手を伸ばせば壁や天井に触れることのできる家庭的な雰囲気の穴ぐら的な小空間のこと。

**一時預かり：子育て中の保護者に対して提供している子育て支援のひとつ。保育所などの施設や地域子育て支援拠点などで，専業主婦家庭などの育児疲れの解消，急な用事，急病や入院，短時間勤務などの勤務形態により，緊急あるいは一時的な保育の需要に対応する。また，幼稚園で在園児を教育時間終了後や，土曜日などに預かること。

ることが求められている。

6 園具や教具

　固定遊具や移動遊具，教具は，いつ，どれだけ，どのように使えるのかによって，活動の展開のしかたが異なる。それぞれの園具や教具を単独で利用するだけでなく，固定遊具を平均台や巧技台などの移動遊具と組み合わせたり，ござやカーテンで覆って基地や家をつくったり，剣や衣装を身につけることによって変身したり，ダンボールの電車や積み木のバス，三輪車に乗ったりすることで，冒険遊びやヒーローごっこ，お姫様ごっこなどが展開する。

　園具や教具は，使い方が固定化されたものより，自由に発想できるものが望ましい。子どもの想像力を発達させ，いろいろと試行錯誤することによって，豊かな学びを促すからである。お話，絵本，紙芝居などの活動も，子どもの想像力を発達させたり，文字への関心を高めたり，情動を安定させたりする。読み聞かせをしたことのある物語を遊びの中に取り込んで，劇遊びやペープサート*遊びなどへつながっていくことも多い。

＊ペープサート（paper puppet theater）とは，画用紙を2枚合わせて，表裏に人物や動物などを描き，間に操作棒を取りつけた平面的な人形をセリフとともに動かすことによって演じる教材。手軽に製作できて上演できるため，幼児が製作し，演じる教材としても活用される。

▲ダンボールで電車ごっこ：「次はー，ホール駅でーす！」
（3歳児）

7 素材や材料

　ペットボトル，トレー，カップ，容器，箱，ダンボールなどの廃材や，落ち葉，実，種子，花びら，貝殻などの自然素材は，子どもがなにかを描いたり，つくり出したりするときに貴重な環境となる。このような素材や材料がどのくらい用意されているかによって，つくる内容も大きく異なる。季節や保育者の意図に応じて，用意されるものも変化する。子どもが使いやすいように，分類された箱に集められていることが多い。

2. 人的環境と物的環境との関係

　子どもにとっての園環境で，とくに大切なのは，保育者や仲間などの人的環境であろう。しかし，園には，家庭では経験することの難しい物的環境が数多く用意されている。保育者が園内の物的環境を整えることによって，子どもたちはより豊かな園生活を体験することが可能になる。物的環境を生かすのは人的環境であるが，人的環境の主体的な行動を促しているのは物的環境なのである。

　ここでは，子どもの物的環境との出会いを保育者がどのようにデザインし，援助しているかについて，物的環境と人的環境とのかかわりという視点から，事例を検討してみよう。

■ 事例検討1

事例6-1　（4歳児9月）　ヨウシュヤマゴボウの色水づくり

　テラスに用意されたテーブルの上には，水の入った水そうとペットボトル，ボウル，ザル，おたま，プリンカップなどがある。N子とY美は，ヨウシュヤマゴボウ*の実をつぶして，きれいな赤紫色の色水をつくり，自分の大きなペットボトルに入れている。同じテーブルでT巳も色水をつくってペットボトルに入れているが，シソの葉などを使っているので，薄いピンク色である。

　いっぱいになったペットボトルを保育者に見せると，N子とY美のペットボトルを見て「あら，きれい！　2人とも同じ色だね。T巳くんのは，ちょっと違うね」など，色や量についての問いかけをしている。

　ヨウシュヤマゴボウの実から出た小さな黒い種が，水そうの底にたまっている。保育者が「小さい黒いのがいっぱいあるね」と言うと，T巳やY美，N子も水そうを見る。「なにかな？」「これ（ヨウシュヤマゴボウ）から出てきた」と話すと，保育者は「じゃあ，その黒い種を取ってもらおうかな」と言って室内へ。T巳とY美とN子は，水そうに手を入れて，小さい種をつかもうとするが，うまくいかない。手で種が取れないT巳は，プリンカップを見つけ，すくおうとする。保育者が小さな竹ザルを持って「これに入れてもらおうかな」と戻ってくる。T巳たちが水そうの種取りで格闘しているようすを見て「難しそう。なんだか金魚すくいみたいね」と声をかける。T巳がおたまに持ち替えて格闘し，「（種が）取れた！」と喜ぶ。その種入りの水を，先ほど保育者が持ってきた竹ザルに入れると，種が残る。保育者は「なるほど，ザルに入れるのね」と声をかける。Y美やN子もおたまなどですくって，竹ザルに入れている。

　種取りが終わるころ，K実が「私もやらせて」とやってくる。Y美やT巳は「もう終わる」と話す。K実は色水をつくりたいようすで「どうやってつくるの？」と尋ねる。保育者が「N子ちゃんとY美ちゃんが，色の出る不思議な実を見つけたの

*ヨウシュヤマゴボウの葉，実，根には毒があるので絶対に口には入れないようにする。
出原大『自然＊植物あそびー年中ー毎日の保育で豊かな自然体験！』，2010より

よね。教えてもらったら？」と促すと、N子とY美の後をK実とT巳が追いかけて、中庭の植え込みのヨウシュヤマゴボウのところへ行く。手が赤くなるのを笑ったり、つぶして種を出したりしながら実を採り、再び戻って色水づくりを始める。

▲色水づくりと小さい種取り（4歳児）

　初めてヨウシュヤマゴボウの色水づくりをしている場面である。テラスには水そうやペットボトル、ボウルなど色水遊びの用意がされている。今までもいろいろな花や葉などを使って色水をつくっていたので、Y美とN子が廊下わきの植え込みにあるヨウシュヤマゴボウの実を見つけて、色水づくりになったようだ。
　ヨウシュヤマゴボウの実をつぶしてできる色水は、鮮やかな赤紫色である。保育者はそのきれいさに共感しながら、Y美とN子の色水や、シソの葉からつくっているT巳の色水を見比べて、色や水量の違いに気づくような声かけをし、その後、色水のペットボトルを並べて展示する場所をテラスに設けていた。また、仲間同士で種取りの方法をまねしたり、ヨウシュヤマゴボウの場所を教えたりするきっかけとなるような声かけも行っている。
　種を集める場面では、水中の小さな種を指でつまむのはとても難しく、N子もY美もT巳も試行錯誤しながら、しばらく格闘していた。とくにT巳はカップやおたまを使ってすくおうとしたり、保育者が用意した小さなザルへおたまの水ごと入れて、種を集めようとする工夫が見られた。T巳の行動を見ると、水のたまるカップではなく、水を切るザルを用意したことに保育者の意図や予想があったことも読み取れるだろう。
　なお、この園は4歳児クラスが2つあり、この日どちらのクラスもヨウシュヤマゴボウの実を採っていたが、一方のクラスはY美とN子が比較的早い時間に廊下の植え込みにあるヨウシュヤマゴボウの実を見つけ、色水をつくっていた。もう一方のクラスは、5歳児がジュースやさんごっこのため、このクラスのすぐ裏にある別のヨウシュヤマゴボウの実を何度も採りに来ているのを女児が見つけ、

片づけの時間近くなってカップに実を集め,「おみやげにする」と言っていた。このように,クラスによって,子どもに見えている場所が異なったり,仲間同士で教え合う,異年齢児の遊びから知る,というように,情報の伝わり方も違ってきたりするのである。

▲ヨウシュヤマゴボウの実を採る（5歳児）

2 事例検討2

事例6－2（5歳児9月） 憧れのリレー遊び

　十数人の5歳児と保育者が園庭に出て,張り切って鉢巻きをしている。4種類の鉢巻きとバトンが用意され,リレー遊びが始まる。自分の好きな色の鉢巻きを締めたり,仲間を誘い合ったりしてチームは決まりはじめたが,グループの人数のばらつきや順番にこだわっているようすはなく,バトンがくると張り切って走っている。何周も走っているので,疲れてきたようだが,自分のグループの色のバトンがくると,休みなく走っている。保育者が「そろそろ休憩しようか」と声をかけるが,「ぼく走っとく」と言って,走り続けている。だんだん疲れてやめる子どもが増え,バトンを受け取る人がいなくなるグループも出てきて,最後まで走っていた黄緑グループも走る人がいなくなる。「レストランへ行って,ジュースもらおう」「またあとでやろうね」と保育者や仲間同士で話し,鉢巻きをきれいにたたんだ後,色水をつくっている保育室の方へ行く。

　5歳児は,毎年運動会でリレーを行っており,リレーは3歳児や4歳児にとって,憧れの種目となっている。この事例は,運動会を控え,リレー遊びが始まった場面である。園庭には白線が引かれ,4色のバトンと鉢巻きが用意されている。昨年の5歳児のリレーを見て憧れていた子どもたちは,好きな遊びの時間に多くの子どもが集まり,張り切って参加していた。子どもたちはバトンと鉢巻きの色に合わせて4グループに分かれたが,人数にばらつきがある。

　リレー遊びがスタートし,自分のグループの人が来ると,バトンを受け取って

走り出す。一生懸命何度も走っている。白線に関係なく,近道して走る子も見られるが,文句が出ているようすはない。思い切り走ること,鉢巻きをして憧れのリレーに参加すること,バトンを仲間から受け取って渡すことを楽しんでいるようである。途中,保育者が「休憩しよう」と声をかけるが,子どもたちは次に走る人がいなくなるまで,エンドレスで続けていたのである。疲れた子どもたちがやめて,グループも減り,最後の1グループになっても走っていたが,次に走る人がいなくなって,リレー遊びは終わった。

　保育者はこのエンドレスのリレーに最後まで参加し,子どもたちのリレーへの憧れと,思い切り走りたい思いをしっかりと受け止めている。人数に関係なく思い切り走り,バトンを介して仲間をつなぐリレー遊びは,その後,種目としてのリレーが行われるようになっても,好きな遊びの時間には並行して行われており,幼児期の子どもに合った遊びともいえるだろう。

　なお,この事例の数日後,5歳児全体でリレーを行っていた。たすきが用意されたことで最後の走者が明確になっていたが,人数のばらつきがあるまま4グループでリレーが行われ,人数の少ないグループが勝っている。リレーの後,子どもたちから「ずるい!」という声が上がり,白線の中を走ることについて考えさせて近道をしないルールをつくったり,人数の少ないグループと多いグループをみんなで数えて,グループの人数について考えたりしていた。ちなみに,このときの話し合いで子どもから出たのは,ほかのグループより多い人は応援するというもので,普通少ないグループの人が2回走ればよいと考えるおとなには思いもよらないアイデアだった。

　このように保育者は,子どもの思いを大事にしながらリレーを体験させるため,鉢巻きとバトン,白線,たすきをどのように取り入れていくか,仲間とどのように共有していくかについて,深く考えて援助しているのである。

▲終わらないリレー遊び(5歳児)

3 事例検討3

事例6－3 （4歳児6月） ヨレヨレの箱

　テラス前に日よけのテントが張られ，その下にはござがしかれている。数人の女児がお鍋などに草花や水を入れて，おままごとをしている。近くの日が当たる場所には，水にぬれて形のくずれた厚紙が2つ置いてある。お弁当前のお集まりのとき，保育者はその厚紙を持ってきて，みんなに話す。

保育者：「ちょっと，これ見てください。フニャフニャですね。どうしたのかな」
子ども：「水にあたった」「ぬれてるもん」
保育者：「これ，ぬれているんです。今日お友だちがね，ご馳走つくりたいよって，お鍋を探したんだけど，お鍋がなかったの。そして，これ（厚紙の箱）お鍋にしようって，お水を入れたの。そうしたら，困ったことが起きたんだよね。どうしたのかな？」
S奈　：「ポヨポヨになって破れた」
保育者：「ポヨポヨになって破れて，お水がどんどん出ちゃって，お鍋にならなかったの。それで，困ったのよね。K乃ちゃんも，これ（少し丈夫な菓子箱）お鍋にしようとして，初めはよかったんだよね。でも，だんだんこれもヨレヨレになって，お鍋になった？」
K乃　：「ヨレヨレして，ならなかった」
保育者：「お水を入れて遊ぶとき，箱に入れたら，ヨレヨレになります。お鍋がなくて，お水を入れて遊びたいとき，どうしたらいいかな」
子ども：「ペットボトル」
保育者：「そうね。でも，ペットボトルは口が小さいからお鍋にならなかったの」
子ども：「牛乳パックで……」
保育者：「牛乳パックで，お鍋にしたらいいと思ったのね。でもね，やっぱり口が小さかったの。S奈ちゃんたちは口が広いのを使いたかったんだよね」
H子　：「じゃあさ，（立ってカップの素材が入っている箱のところへ行き，どんぶりのカップを見つけて）これ使ってやればいいんじゃない」
保育者：「あー，（素材の箱ごともってきて，どんぶりのカップを見せ）こんなのだったらどうかな？」
子ども：「いい！」
保育者：「これだったら，お水を使っても大丈夫ね。S奈ちゃんとK乃ちゃんは，お鍋がもうないとき，こうしようって考えたところは，先生すごいなって思います。だけど，ヨレヨレになってしまったから，この次はこんな入れ物を使ってみましょう」

　この事例は，好きな遊びの後，みんなで集まったときに保育者が水にぬれて形のくずれた箱について話をしたときのものである。テラスにござをしき，草花と

水を使って，ままごとをしていたＳ奈やＫ乃が，厚紙の箱を使ってお鍋の代わりにしようとしたが，水にぬれて「ポヨポヨ」「ヨレヨレ」になり，水が漏れて破れたことを，全員に伝えている。そして，みんなにＳ奈やＫ乃の気持ちに沿って考えるように声をかけ，どうしたらよかったかを考えさせている。

保育者や仲間の話を通して，紙の箱に水を入れたら弱って破れてしまうこと，ペットボトルや牛乳パックは水を入れても大丈夫だが，口が狭くてお鍋の代わりにならないこと，どんぶりのカップのような素材なら水にも強く，お鍋にもなることを，みんなで確認する機会を設けている。ヨレヨレになった箱を捨てずに取っておいたのは，素材を無駄にすることは繰り返さないでほしいだけでなく，耐水性や口の大きさや形など遊びに適した素材の特性に気づき，それを選択する考え方を学んでほしいと，保育者が願っていたためであろう。

4 事例検討４

事例６－４（３歳児１１月）　Ｙ男の２人乗り三輪車での交渉
Ｙ男　：１人でふらふらしていたが，２人乗り三輪車に乗っているＲ也に近づき「ちょっと，これ貸してくれない？」
Ｒ也　：「えー，だめよ」
Ｙ男　：「なんで？」と言いながら後ろに乗ろうとする。
Ｒ也　：「だめ」とＹ男を押す。
Ｙ男　：「仲間に入れて」
Ｒ也　：「えー，いやだよ」
Ｙ男　：「なんで？」
Ｒ也　：「だって，……救急車だから」
Ｙ男　：「なーんだ」と諦めて離れるが，空いた三輪車を見つけて走っていく。
Ｂ太・Ｓ子：先に三輪車を見つけて，２人で乗る。
Ｙ男　：立ちつくした後，２人を見ながら，まわりをうろうろする。
Ｓ子　：三輪車を降りて，Ｕ美を呼びに行く。
Ｙ男　：Ｂ太の三輪車の後ろに乗ろうとする。
Ｕ美　：近づいてきて「ちょっとどいて」
Ｓ子　：戻ってきてＹ男の手を払い，「だめ！わたし」と三輪車に乗る。
Ｙ男　：不満そうに離れるが，三輪車に乗るＩ斗を見つけて近づき「ちょっと乗せて」
Ｉ斗　：「もう乗らないで。今から×××へ行くんだから」
Ｙ男　：みんなが三輪車に乗っているようすを，口をとがらせて見ている。

Ｙ男　：ふらふらと保育者のところへ行き，三輪車がないことを伝える。保育者といっしょにＲ也のところへ行き，もう一度貸してもらおうとするが，断ら

　　　　　れる。
保育者：「R也くんじゃなくても三輪車に乗ってる人がいるよ。その人にも後ろに
　　　　　乗せてって，言ってごらん」
Y男　：保育者から離れ，誰に言おうか悩んでいるようでうろうろしている。

Y男　：I斗を見つけて近づき，I斗の三輪車の後ろをつかんで「乗せてくださーい」
I斗　：「だめでーす」
Y男　：乗ろうとしていたが「だめ？」と尋ねる。
I斗　：答えずに行ってしまう。
Y男　：がっかりしたようすで見ている。
保育者：ようすを見守っていたが「Y男くん，T郎くんの後ろも空いているから，
　　　　　頼んでみたら？」
Y男　：T郎のところへ走っていき「乗せてください」
T郎　：「いいよ」
Y男　：うれしそうにT郎の後ろに乗る。
T郎　：「パトロールに行きますよ！」と言って，2人で出発する。
　　　　　　　　　　　　　　　　注）×××は聞き取れなかった箇所。

　3歳児も2学期後半になると，身体的にも体力的にも発達し，全身を使うような遊びが用意される。仲間への関心も高まり，いっしょに集まって遊ぶ一方で，仲間と思いがすれ違って叩いたり，泣いたりする姿も見られるようになってきた。この時期，初めて2人乗り三輪車が出され，台数も多く用意されたが，何人か乗れない子どももいた。
　三輪車に乗れなかったY男は，自分と同じクラスのR也やI斗に「ちょっと貸して」「ちょっと乗せて」と声をかけて断られているが，その理由を尋ねたり，何度も交渉を試みたりしており，コミュニケーションスキルがある程度身についていると考えられる。しかし，空いた三輪車を見つけたとき，となりのクラスのB太やS子に先を越されて，言い返せずにいることから，自分のクラスへの所属意識があり，ほかのクラスに対して多少抵抗感のあることがうかがわれる。その後，困ったY男は保育者に助けを求め，保育者に支えられながら交渉し，結局，同じクラスのT郎の後ろに乗せてもらっている。
　仲間関係が少しずつ形成されてきた時期に，ひとつの遊具を取り合ったり，交代して使ったりしながら，自分の思いを主張したり，相手の思いに気づいたり，ルールに合わせてがまんしたりする経験は貴重である。この事例で保育者は，交渉をためらっているY男といっしょに探し歩いてアドバイスしているが，3学期になると，ものをめぐる交渉やいざこざを体験する機会を設けるため，保育者が

意図的に遊具の数を抑えることもあった。もちろん，それぞれの子どもの状態に合わせて援助は行われ，なかなか仲間に「貸して」と言えない子どもには言葉を添えて援助したり，自己主張できそうな子どもの場合は少し離れてようすを見守ったりするのである。

以上の事例からわかるのは，何らかの物的環境に刺激を受けて，子どもの主体的な行動が生じていることである。その行動を引き出すと予想される物的環境を事前に構成したり，予想通り出てきた行動や予想外の結果を十分に生かしたり，子どもの状況から判断して物的環境を再構成したりすることができるのは，人的環境である保育者である。物的環境は，保育者が構成し，子ども自身もつくり出し，仲間とともにつくり出すことによって変化しながら，保育者や子どもと相互作用を続けるのである。好奇心や興味から，主体的にかかわる子どもに応答する物的環境は，子どもの集中や没頭する姿を引き出しているのである。

3. 園具・教具の意義

1 園具と教具のあり方

現在の幼稚園設置基準では，園具や教具について，「幼稚園には，学級数及び幼児数に応じ，教育上，保健衛生上及び安全上必要な種類及び数の園具及び教具を備えなければならない」と定められ，つねに改善し，補充することが必要とされている。かつては最低限必要な園具や教具が具体的に示されていたが，画一的な選択になりがちであることが指摘され，各園の園長や教員は教育上，保健衛生上なにが必要かについて創意工夫し，園具，教具を適切に整備することが求められるようになった。また，『幼稚園施設整備指針』では，施設環境の整備の基本方針が示されている。

1996（平成8）年に報告された『幼稚園における園具・教具の整備の在り方について』で述べられているように，「環境を通して行う教育を実現していくためには，園具・教具をはじめ様々な事物を関係付けて構成される環境が必要」である。そのような環境のもとでこそ「直接的・具体的な体験を通して一人一人の幼児の発達が促されていく」のである。

園具や教具を整備する際の基本的な留意事項としては，まず，保育の動向を考慮しながら，長期的・総合的な視点をもって計画的に整備することが大切であり，乳幼児期の特性や障碍のある子どもの障碍の種類や程度への配慮も求められている。地域の気候や風土，園の地形や特性などもできるだけ生かして整備することが望ましい。また，保育室や遊戯室，園庭の広さや位置を考慮して効果的に活用

し，園具や教具の配置によって子どもの動線が影響されることに配慮して整備する必要がある。収納についても，園具や教具の特性に応じた収納を考慮し，子どもが出し入れをしやすいように配慮するべきである。さらに，安全面においては，子どもの生活の場であり，遊び場であり，幼児期の発達に見合った場であることを考慮することが重要である。材料や構造上の安全性や，子どものさまざまな使い方も想定した安全性を考えるほか，子どもにとって心地よくて扱いやすい，親しみのもてるものを整備することが望ましい。また，安全性や耐久性を確認するためにも，こまめに清掃したり，定期的に点検したりするようにし，問題があれば補修や改善などの維持管理をすることが重要である。

2 園具・教具の分類

　ここでは，前述の『幼稚園における園具・教具の整備の在り方について』の園具や教具の目的や機能に沿って，以下の5つに分類する。しかし，実際子どもがかかわるときは，もっとさまざまに活用して遊んでいることに留意したい。

(1) 身体を動かして遊ぶもの

　幼児期は身体機能が著しく発達する時期なので，子どもの発達や興味に沿ったもので，特定の動きではなく，さまざまな身体の動きを引き出し，全身で楽しむことのできるような園具や教具が望まれる。発達や遊びに応じて，種類や数量の調整も必要である。

　＊滑り台，ブランコ，ジャングルジム，鉄棒，登り棒，総合遊具
　＊ボール，縄，フープ
　＊平均台，跳び箱，マット
　＊箱車，三輪車，二輪車，一輪車，手押し車

1）例：ブランコ

　新学期，ブランコは人気のある遊具のひとつである。入園以前に公園などで保護者と遊んだことがあるなじみの遊具であるため，新学期や入園で緊張している子どもにとって，ほっと安心できる場を提供している。ブランコには安全面から保育者がいることも多く，保育者に押してもらって遊ぶことができる。仲間がいるときには，こぐ高さを競い合う姿や，ブランコに乗る順番をめぐっていざこざが生じて交渉する姿も見られる。また，すいているブランコを1人でこぎながら，気持ちを立て直したり，仲間とこれからなにで遊ぶかを相談したりするのに使われることも多い。

　けがの発生率の高い遊具であるブランコでは，保育者が注意を払うだけでなく，待つ子どもに対して，安全な位置で待ち，前や後ろを横切らないように指導し，こいでいる子どもにも手で鎖をしっかり握り，危険な乗り方をしないように指導

することが必要である。

2）例：縄とび・フープ遊び

　縄とびやフープ遊びは回数を数えて競ったり，保育者に見せたりすることで満足感や達成感が高められるため，人に見える場所で行われることが多い。移動遊具はそとへ持ち出して遊び，中にしまうため，まとめて持ち運べると便利である。個人用の縄の収納は，牛乳パックなどを利用して自分のものが取り出しやすいように工夫されていると，子どもの遊びたい気持ちが削がれない。また，縄やフープは使い方によっては危険なため，さまざまな遊び方を認めつつ，身体に巻きつけないように指導するなど，安全面に配慮する必要がある。

▲フープ遊び：「何回できるか，数えてね」（5歳児）

3）例：斜面で遊ぶ

　築山などの斜面では，ダンボールをしいて滑って転がったり，スクーターや手押し車等を押して登って滑り降りたり，木からロープを下げてジャンプしたりするなど，身体を思い切り使って遊ぶことができる。水遊びの時期には，ブルーシートをしいて水を流し，ウォータースライダー遊びも行われる。

▲築山への砂運び：「もっと高くするぞー！」（5歳児）

危険な滑り方や衝突によってけがをする可能性があるので，マットやクッション材をしいたり，人がたまっているところに滑らない，下から登らないなどのルールを決めることも必要である。

(2) 身近な自然に親しむもの

　子どもが動植物や自然の変化に興味や関心をもち，親しむようになるためには，保育者が積極的に園内外の自然環境を取り入れ，動植物の特性を知り，それにかかわる子どもの姿を予測して整備することが必要である。子どもにとって扱いやすいものを選ぶとよい。

* 栽培に使う用具（シャベル，バケツ，じょうろ，ホース），花壇，雑草園，野菜園
* 飼育に使う用具，飼育小屋，飼育箱
* 虫かご，水そう，網
* 砂遊びや水遊びに使う用具（シャベル，バケツ，ふるい，じょうろ，たらい，トレイ，ビニル管〈パイプ〉，とい〈雨どい〉，ペットボトル，カップ，ボウル，おたま，水鉄砲），砂場，水遊び場，土山など

1）例：園内の植物や昆虫

　植物についていえば，ドングリなどの実や落ち葉，イモのツルなどをかごや袋に集めて，製作コーナーに分類して置いておき，メダルやリースなどをつくるのに利用したり，食べられる実のなる木（ビワ，ユスラウメ，サクラなど）を植えて，時期になるとみんなで食べるのを楽しんだりすることができる。

　また，ダンゴムシやセミ，チョウ，アオムシなどの昆虫探しでは，昆虫への知的好奇心を高めるため，虫採り網や虫かご，虫かごにできる牛乳パックなどのほか，昆虫図鑑を複数用意するとよいだろう。虫好きな子どもが昆虫の絵を数枚描いてお話をつくったとき，製本して絵本コーナーに置き，仲間も見られるようにすれば，魅力を感じたほかの子どもたちも好きな虫を描いて製本し，互いに読み合う姿などが観察される。

▲虫採り：「見て！　セミ捕まえた」（4歳児）

2）例：砂遊び

　砂場は受容的な場所である。ずっと砂場に居座っても，移動中にふらっと立ち寄っても，活動的に動いても，黙々と作業することも可能である。集中して作業することも，ぼーっと園庭を見渡しながら作業することも，1人でも多数でも，どの年齢でもそれぞれに応じた楽しみ方ができる。可塑性のある砂や土を使って山やダム，つるつるの泥だんごなどを熱心に粘り強くつくり上げることによって，満足感と達成感を味わうことができ，気持ちも安定する。泥だんごをたくさんつくって並べ，いくつあるかを数えて保育者に報告し，満足する姿も見られる。仲間入り場面では，じょうろの水や白砂などをもっていくと，比較的受け入れられやすい。

　スコップやバケツ，カップ，ふるいなどの用具は，砂場近くの棚に並べたり，可動式の用具かごに入れたりして，用具の置き場所を決めておくと，子どもが利用しやすい。また，雨どいやパイプを用意すると，山をつくったり，ダムや水路をつくったりする遊びがダイナミックに展開し，砂や水の特性や道具の扱い方などを考えて工夫するようになる。草木の花や葉，木の実や枝も，砂のケーキやピザなどの飾りつけや皿に使われる。水に強いカップ容器やトレイ，ペットボトル，牛乳パックは，型押しや皿に使ったり，白砂や水，泥だんごを入れたり，水たまりに浮かべる船にしたりするなど，さまざまな用途に活用される。

　砂場では，子どもが砂を扱いやすいように，事前に砂をよく掘り起こしたり，砂の中に尖った石やガラス片などの危険なものがないかを確認し，注意を払うことが必要である。また，衛生面にも配慮し，犬や猫が入らないように，使用しないときはビニールシートやネットで覆うようにしたい。

▲砂遊び：「高いお山をつくりたい」（4歳児）

▲トイつなぎ：傾斜をつけて無駄なく洗濯ばさみで留めて水を流す（5歳児）

(3) さまざまな表現を楽しむもの

　幼児期の子どもは，生活の中で体験したことや感じたり考えたりしたことを，さまざまな形で素朴に表現したり，イメージをふくらませたりする。子どもの豊かな表現を引き出すために，さまざまな表現を楽しめる園具や教具を用意することが望ましい。

　　＊描画に使う用具（筆，クレヨン，絵の具，フェルトペン，チョーク，鉛筆）
　　＊製作に使う用具（はさみ，のり，セロテープ，ビニールテープ，紙テープ，画用紙，包装紙，広告紙，ダンボール，空き箱，紙袋，ビニール袋，ペーパー芯，ペットボトル，カップ，リボン，毛糸，モール）
　　＊金づち，のこぎりなどの木工用具
　　＊ねん土，ねん土板
　　＊積み木，ブロック
　　＊人形，ぬいぐるみ，指人形，パペット
　　＊ままごと用具（既製用具，作成用具，自然物，収納かご，つい立て，カーペット，畳）
　　＊カスタネット，鈴，トライアングル，太鼓
　　＊ピアノ，電子オルガン，ＣＤ

▲積み木タワー：「何段あるかな？」（4歳児）

1）例：つくって遊ぶ

　自由に使える素材や道具が整理されて揃っていると，子どもは素材や道具にひかれて，なにかをつくり出すことがある。また，遊んでいる途中で，カブトムシになるための角(つの)が必要になってお面をつくったり，お出かけのためにバッグをつくったり，お店やさんごっこで売る商品をつくったりするように，目的をもってつくる子どももいる。

　さまざまな素材が用意され，好きなときに落ち着いて製作に取り組むことができるような環境は，ものとかかわってつくり上げるおもしろさや難しさを体験する場を提供する。はさみやマジック，素材の整理箱，ゴミ箱などの置き場所を決めて，近くに集めておいたり，テーブルと椅子を用意して製作コーナーをつくっておいたりすると，子どもがやりたいときに落ち着いて製作でき，片づけも主体的に行いやすくなる。毛糸やリボンなど，絡まって雑然としがちな素材の場合，

▲お絵かきコーナーと絵の展示（4歳児）

▲羽を広げられるクワガタ（5歳児）

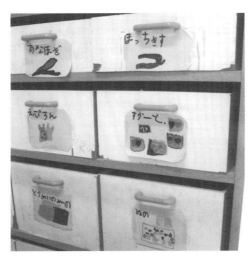
▲用具や衣装の整理棚（5歳児）

半分に切ったペットボトルの容器の中に入れて，口から出すようにする工夫も見られる。

　また，セロテープのカッターやはさみ，ホチキスの芯など，安全面での配慮が必要な場合は，扱い方や片づけのしかたを全員に伝える機会を設け，その後も個別に伝えていくことが大切である。さらに，できあがった作品を展示する場を設けることによって，仲間同士で作品を見合って会話することを促したり，製作する意欲を高めたりするのである。

2）例：ままごと・ごっこ遊び

　季節や年齢，地域を問わず，よく見られる遊びである。保育室にカーペットや畳などがしかれ，コーナーがつくられている場合もある。ままごとやごっこ遊びに必要な道具や人形，衣装は，まとめて整理棚などに置かれている。素材を使って必要なものがすぐつくれるように，製作コーナーの近くに配置することもある。ままごとコーナーには，柔らかい人形やぬいぐるみなどがあり，家庭に近い雰囲気は子どもに安心感を与える。また，子どもが進んで片づけできるように，お皿の絵や写真，5歳児が書いた文字などを貼って，道具の置く場所をわかりやすくすることも行われている。

▲ままごとコーナー：手づくりの柔らかなおもちゃと椅子（3歳児）

(4) 身近な情報に触れるもの

　幼児期の子どもは，保育者や仲間の行動や日常生活の出来事，絵本や放送などを通して，さまざまな情報に触れて楽しんだり，驚いたり，生活に取り入れたりしている。保育者は子どもの生活が豊かになるような情報を選択し，身近な情報に触れる場面や触れ方を工夫する必要がある。また，幼児期に適しているのは直接的・具体的体験であるため，視聴覚教材やコンピュータなど情報機器を活用する際には，園生活で得がたい体験を補完するなど，子どもの発達や興味・関心，体験に即したものを選ぶことが大切である。

　＊絵本，物語本，図鑑，紙芝居，ペープサート，パネルシアター＊

＊パネルシアター（flannel board presentation）とは，付着力のよい不織布に人物や動物などを描いて切り抜き，毛羽立ちのよい布を貼ったパネルボードに貼りつけたり，はがしたり，動かしたりしながら，お話やうた遊びなどを展開する教材。暗い部屋で特殊な光をあて，幻想的に作品を浮かびあがらせる方法もある。

＊OHP，OHC＊，プロジェクター，デジタルカメラ
＊ビデオデッキ，テレビ，ビデオカメラ，ビデオ教材，コンピュータ，ソフト
＊掲示版，ホワイトボード，黒板，壁面装飾

> ＊OHC（over head camera）——実物投影機，教材提示装置ともいう。OHPのように透明シートを使用せずに，写真や手書きの文字，絵，作品などを，スクリーンやテレビ画面にそのまま提示することができる。幼児の作品やお話などを発表するときにも活用される。

1）例：絵本コーナー

　絵本コーナーには，季節に合った絵本や子どもの興味をひきそうな絵本，よく利用される図鑑などが用意されている。できるだけ子どもが選びやすく，片づけがしやすいように，本棚には内容によって異なるカラーテープを貼り，絵本にも同じ色のカラーシールを貼って分類するなどの工夫も見られる。クラスで読み聞かせのあった絵本や季節感のある絵本は，表紙の見える棚に入れて，時期によって入れ替える。子どもがゆっくりと自分のイメージの世界を楽しみ，知的好奇心や文字への興味・関心を満足させるように，さまざまな種類の絵本を用意するほか，落ち着いた雰囲気をつくるために畳やマットをしいたり，ソファーやクッションを置いたり，仕切りで区切ったりすることも必要である。

2）例：壁面・展示

　保育室の中で普段目にする機会の多い壁面には，季節の図柄や保育者の伝えたい情報，子どもの育ちや学びのプロセスを写真や事例などで表したドキュメンテーション，最近の作品などが飾られており，保育室の雰囲気に大きく影響している。季節や行事に合った掲示をして，新しい内容に入れ替えていくことは，子どもの興味や関心を誘い，子どもといっしょに壁面や掲示をつくっていくことにもつながる。作品等を子どもにとって見えやすい位置に掲示したり，子どもが手に取って見られるような高さに展示するなどの配慮が求められる。作品やドキュメンテーションが展示されることで，子どもは自分の成果を確認でき，満足感や達成感を高めることにもなるだろう。また，文字や数字などの情報を話したり，仲間同士の伝え合いを生み出したりする場にもなるのである。

▲サツマイモのツルでつくったクリスマスリースの展示（5歳児）

(5) 園生活を送るためのもの

　幼児期の子どもは主体的に落ち着いて生活し，基本的な生活行動を繰り返す中で，しだいに必要な習慣や態度を身につけていくため，子どもがくつろげるものや扱いやすいもの，親しみやすいものを整備することが望ましい。また，集団生活を営む場でもあるので，健康で安全な園生活を送るのにふさわしい園具や教具を用意することが必要である。

＊机・椅子
＊収納棚
＊個人用物入れ（ロッカー），靴箱，傘立て，ハンガー
＊時計，温度計，清掃用具，保健衛生用具，避難用具

1）例：個人用ロッカー

　個人用ロッカーのように，1人ひとりの名前がついている収納場所を用意することは，自分のものを片づけるという基本的な生活習慣を身につけさせるほか，園での確実な居場所を与えるはたらきもある。子どもが不安定なとき，家庭と園をつなぐバッグを触っていたり，自分のロッカーの狭い空間に入り込んで，心を落ち着かせている姿も見られる。また，自分でつくったものや見つけたもの，家庭へのおみやげをおさめる場所も確保したい。

　ロッカーには固定式と可動式がある。固定式は保育室内の配置や子どもの動線を考慮して設置することが必要である。可動式は，子どもの実態に沿って移動できるので，コーナーをつくる仕切りとして利用されることがある。子どもが動かすこともあるので，安全面を考慮して倒れにくく安定感のあるものを選ぶ必要がある。

3　園具や教具と保育の質

　園具や教具などの物的環境や保育内容などを検討し評価することは，子どもや保護者に提供する保育の質を向上させる取り組みである。現在，幼稚園では保育の改善や保育者の力量の向上を目的とした自己点検・自己評価や学校評価が行われ，保育所・認定こども園では保育者や園の自己評価のほか，多様な保育ニーズへの対応と保育の質の確保という視点から第三者評価（外部評価）が実施され，公表が求められている。より質の高い保育を目指すために評価項目について検討し，より望ましい保育環境や保育内容を学ぶことは大切である。

　ここでは，保育環境を評価する尺度として，アメリカやヨーロッパで広く利用されている『保育環境評価スケール（ECERS-R）』の改訂版『新・保育環境評価スケール（ECERS-3）』（2015/2016）を取り上げる（表6-1, 2, 3）。この尺度では，項目ごとに評価基準の文章から判断し，「不適切」1点から「とても

表6−1　新・保育環境評価スケール（3歳以上）の項目一覧

<空間と家具>	<活動>
1. 室内空間	17. 微細運動（手や指を使う）
2. 養護・遊び・学びのための家具	18. 造形
3. 遊びと学びのための室内構成	19. 音楽リズム
4. ひとりまたはふたりのための空間	20. 積み木
5. 子どもに関する展示	21. ごっこ遊び（見立て・つもり・ふり・役割遊び）
6. 粗大運動遊びの空間	22. 自然／科学
7. 粗大運動遊びの設備・用具	23. 遊びのなかの算数
<養護>	24. 日常生活のなかの算数
8. 食事／間食	25. 数字の経験
9. 排泄	26. 多様性の受容
10. 保健衛生	27. ICTの活用
11. 安全	<相互関係>
<言葉と文字>	28. 粗大運動の見守り
12. 語彙の拡大	29. 個別的な指導と学び
13. 話し言葉の促進	30. 保育者と子どものやりとり
14. 保育者による絵本の使用	31. 子どもどうしのやりとり
15. 絵本に親しむ環境	32. 望ましい態度・習慣の育成
16. 印刷（書かれた）文字に親しむ環境	<保育の構造>
	33. 移行時間と待ち時間
	34. 自由遊び
	35. 遊びと学びのクラス集団活動

出典）テルマハームスほか著，埋橋玲子訳『新・保育環境評価スケール①3歳以上』p.1，法律文化社，2016を改変

よい」7点に点数化される。これらの評価項目のうち，園具や教具に関連するものをいくつか紹介したい。

たとえば，「空間と家具：項目2　養護・遊び・学びのための家具」では，養護・遊び・学びのための家具が充実しているか，子ども用サイズか，手入れが良いかのほかに，じゅうたんや大きなクッション，マットレス，ソファーなどの柔らかさのある家具が相当量あるかが，評価の視点となっている。たくさんの柔らかな素材やある程度囲まれた空間が，子どもの心を落ち着かせ，のんびりとリラックスする場を提供している。関連して「項目3　遊びと学びのための室内構成」でも，複数の遊具／教材の異なる遊びの場があり，広さが適切か，互いの遊びが妨げられていないか，くつろぎの場が活動的な遊び等から守られているか等に着目している。さまざまな遊具や教材を活用して十分に遊び込んだあと，ゆっくりできる心地よい場所でくつろいで回復すれば，子どもは再び活動的な遊びに取り組もうとするのである。

「活動：項目22　自然／科学」では，自然／科学の遊具／教材として，①生き

表6-2　項目2　空間と家具：養護・遊び・学びのための家具

不適切	1	1.1 養護・遊び・学びのために必要な基本的な家具が十分にない（例：子ども全員が揃ったときに椅子が足りない；子どもが自由におもちゃを出し入れできる棚がほとんどない；子どもが自分の持ち物を入れておく家具がない）。 1.2 家具の修理などが十分でなく，子どもがけがをしそうである（例：ばねや金具がむき出しになっている；椅子の足がぐらついている；壊れたコット）。【訳注　コット＝簡易ベッド】 1.3 くつろげたり，安らげたりする家具がない（例：敷物がない；柔らかい家具がない）。
	2	
最低限	3	3.1 養護・遊び・学びのための家具が揃っている（例：子どもは自分の持ち物をまとめて入れておける；おもちゃや本，他の教材を出し入れできる棚がある）。 3.2 ほとんどの家具はしっかりしており，手入れがよい（例：ほとんど問題ないか，けがをする危険がない）。 3.3 障がいのある子どもには必要な家具がある（例：一緒にテーブルにつけるような専用の仕様の椅子；トイレの手すり）。　無回答可 3.4 子どもが遊んでいるときに使える柔らかい家具が少なくとも2つある。
	4	
よい	5	5.1 養護・遊び・学びのための家具が充実している（例：他の子どもの持ち物に触ることなく自分の持ち物を入れられる；混みあうことなくテーブルについて食事や作業ができる；遊具／教材等が棚に程よく収まっている）。 5.2 椅子やテーブルが子ども用のサイズで，75％程度の子どもにとって適切な大きさである（例：椅子に深く腰をかけたときに床に足がつき，ひざがテーブルの下にあり，おおよそひじの高さにテーブル面がある）。 5.3 特定の活動専用の家具が2つある（例：描画のためのイーゼル，砂・水遊び用水槽テーブル，木工台）。 5.4 柔らかさのある家具が相当量ある（例：マットレス；子どもサイズのソファー；複数の大きなクッション）。
	6	
とてもよい	7	7.1 養護のための家具が便利にできている（例：個人用持ち物棚，コット／寝具が室内にあって使いやすい）。 7.2 特定の活動専用の家具が3つ以上ある。 7.3 家具はどれも清潔でよい状態にある（例：柔らかい家具が傷んでいない；どの家具の表面も清潔で手入れが行き届いている）。

出典）テルマハームスほか著，埋橋玲子訳『新・保育環境評価スケール①3歳以上』p.4，法律文化社，2016を改変

物（栽培物，ペット，庭），②自然物（鳥の巣，葉っぱ，岩，貝殻，種のコレクション），③図鑑／自然科学の写真のゲーム，④道具（虫眼鏡，磁石），⑤砂や水とそれ用のおもちゃ（計量カップ，スコップ，容器）を挙げている。その遊具／教材が多様に用意されているか，いつでも使用できるか，保育者が子どもと一緒に自然／科学の遊具・教材を使って話をしているか，子どもが観察したり世話したりするペットや植物について話題にしているか等の視点から評価されている。自然

表6-3 項目22 活動：自然／科学

評価		内容
不適切	1	1.1 自然／科学の遊具／教材がまったくない。 1.2 観察時間中に，保育者が子どもと自然／科学について話すことがない（例：天気や季節を知らせる；動物についての実話を読む；水温について知らせる）。 1.3 保育者が自然界のことについて興味を示さなかったり嫌っていたりする（例：大きなクモを見て適切な態度が取れず恐怖を示す；自然のできごとを無視する）。
	2	
最低限	3	3.1 観察時間中，最低25分は，2種類以上のカテゴリーの中から少なくとも5の発達にふさわしい遊具／教材に接する（使う）ことができる。 3.2 観察時間中，保育者が子どもと自然／科学について話をする（例：お天気絵図を使う；絵の中の動物の名前をたずねる；おやつのときに健康によい食べ物について話す）。　1度の観察 3.3 観察時間中，最低25分は，適切なおもちゃを使って砂か水で遊べる。
	4	
よい	5	5.1 自然／科学の活動センターがあり，観察時間中最低1時間は，5のカテゴリーの中から最低15の自然／科学の遊具／教材に接する（使う）ことができる。 5.2 保育者が，子どもと一緒に自然／科学の遊具／教材を使って話をしている。　1度の観察 5.3 保育者が，環境に配慮する手本となる（例：資源の有効活用のために水を大切に使ったり不要な電灯を消したりする；リサイクルをする；虫の役割について話す）。　1度の観察
	6	
とてもよい	7	7.1 保育者が率先して，自然／科学の遊具／教材を用いて，測ったり，比べたり，分類したりする（例：貝殻を色，形，大きさで分けるのを示す；松かさを大きさの順に並べる；乾燥しているときと湿気が多いときについて話をするのに降雨図を使う；いろいろな自然物の重さを予測する）。 7.2 子どもが観察できたり，世話ができたりするペットや植物が1つ以上あり，子どもの話題になる（例：クラスの水槽，ハムスター，ハツカネズミなど；餌箱にやってくる鳥）。　1度の観察

出典）テルマハームスほか著，埋橋玲子訳『新・保育環境評価スケール①3歳以上』p.44，法律文化社，2016を改変

▲ダンゴムシを本で調べる（4歳児）

／科学に関する多様な教材や素材を用意し，子どもがいつでも自然科学にかかわる体験ができるような配慮をするとともに，保育者自身も率先して自然科学への興味関心をもち，子どもが好奇心から測ったり，比べたり，分類したり，試したりすることを意味づけることが，子どもの学びを支え，思考力の芽生えをより促すだろう。

4．安全教育と災害への備え

1 遊具・教具等の安全指導と点検

　園具のうち，滑り台やブランコ，鉄棒，うんてい，ジャングルジムなどは固定遊具である。これらの遊具では，ルールを守らなかったり，誤った遊び方をしたりすることで，負傷するケースが多く，滑り台とブランコ，鉄棒，うんてい，ジャングルジムなどで多くの事故が発生している（藤巻，2001）。

　滑り台では逆さ登りや順番争い，ブランコではこぎすぎや変則乗り，衝突など，鉄棒やうんてい，ジャングルジムでは落下などが主な原因となっており，保育者がそばにいて注意を払う必要がある。入園したての子どもたちがいる4月や5月には，園内探検をしながら，それぞれの遊具の使い方やルールをしっかり指導する機会を設けるとよい。

　積み木や巧技台，フープ，縄とび，ボールなどの移動遊具を使用するときも，保育者がそばで見守って，遊具の危険な使い方に注意しながら，正しい使い方を伝えていく必要がある。室内でも，はさみやホチキス，包丁，木工用具など，使い方を誤ればけがをする可能性のある教具については，活動を始める前に，すべての子どもに正しい使い方や後片づけの約束などを指導するとともに，その活動の最中は細心の注意を払って，複数の保育者で連携して見守るなどの対応も必要だろう。

　また，園内や室内に危険なもの（ガラスや石，針金等）がないか，乳幼児であれば誤飲や誤嚥を引き起こすものがないか等，掃除をしながらまめにチェックをすることが必要である。その他，定期的に遊具の破損や腐食がないかを点検したり，園庭の害虫を駆除したり，台風や地震，落雷等の後は念入りに園内を点検したりすることも重要である。また，子どもの動線などを考慮し，事故の起きやすい状況と判断したら，遊具の位置を変えたり，柵を設けたり，マットをしいたりするなど，事故防止に向けて安全な対策を採る必要がある。園でのヒヤリハット＊（危険）に気づいたときには，できるだけ早く園長や保育者全員と情報共有して対応することが求められるだろう。

＊ヒヤリハットとは，危険な目に遭いそうになって，ひやりとしたり，はっとしたりすることをいう。重大な事故に発展したかもしれない危険な出来事のこと。

2 交通安全，災害への備え，犯罪防止

　子どもたちが健康で安全な園生活を過ごすために，園具や教具の安全指導のほか，交通安全や災害への備え，さらに不審者侵入の犯罪防止のための安全指導・安全管理などが行われている。安全指導教室や避難訓練を計画的に実施するほか，自然災害等の緊急時対応マニュアルを作成して園内の対応体制を共有し，非常用持ち出し袋や備蓄品を定期的に確認し見直す等，保育者自身が日ごろから準備と安全への意識を高めることが大切である（天路，2017）。また，子どもたちにも危険を予知する力，回避する力，適切に対処する力を育てるために，保育者は日ごろから園内放送が流れたら静かに聞いて指示に従うことや，危険を発見したら保育者に伝えること，危険な場所には近づかないこと等を子どもたちに指導することが求められる。保育者自身も緊急事態を想定して，室内外の子どもの人数把握を正確かつ速やかに行い，避難誘導や連絡の役割分担，保育者間の連携方法，避難先・避難経路の確認，地域との連携，保護者への引き渡し方法等を明確にするなど，さまざまな状況に応じた訓練を積み重ねることがなによりも大切である。

〔付記〕長期にわたる観察を受け入れ，事例と写真の掲載を快諾して下さった大分大学教育学部附属幼稚園と奈良教育大学附属幼稚園の先生方と子どもたちに感謝したい。また，ままごとコーナーの写真の提供と掲載の承諾をして下さった善通寺市立吉原保育所の先生方，京都教育大学の古賀松香先生にも感謝したい。

【引用・参考文献】

秋田喜代美監修編著・湘北福祉会あゆのこ保育園『秋田喜代美の写真で語る保育の環境づくり』ひかりのくに，2016
天野珠路編著『写真で紹介　園の避難訓練ガイド』かもがわ出版，2017
藤巻公裕「領域「健康」における指導上の問題点：安全指導」杉原隆・柴崎正行・河邊貴子編著『新・保育講座　保育内容「健康」』（pp.198-206）ミネルヴァ書房，2001
原口純子『保育環境論：幼児の生活の視点から』フレーベル館，1998
T. ハームス・R.M. クリフォード・D. クレア著，埋橋玲子訳『新・保育環境評価スケール①3歳以上』法律文化社，2016
出原大『自然＊植物あそび一年中—毎日の保育で豊かな自然体験！—』学研プラス，2010
子どもと保育総合研究会（森上史朗監修・大豆生田啓友・三谷大紀編）『最新保育資料集2017』ミネルヴァ書房，2017
文部科学省・厚生労働省・内閣府『平成29年告示　幼稚園教育要領　保育所保育指針　幼保連携型認定こども園教育・保育要領〈原本〉』チャイルド本社，2017
仙田満『子どもとあそび—環境建築家の眼—』岩波書店，1992
柴崎正行編著『子どもが生き生きする保育環境の構成』小学館，1997

塩美佐枝・新澤誠治・小林研介編著『保育環境プランニングブック2：3・4・5歳児の保育環境』チャイルド本社，2001

高山静子『学びを支える保育環境づくり』小学館，2017

戸田雅美『保育をデザインする―保育における「計画」を考える―』フレーベル館，2004

請川滋大・高橋健介・相馬靖明編著，利根川彰博・中村章啓・小林明代『保育におけるドキュメンテーションの活用』ななみ書房，2016

文部科学省『幼稚園教育要領』フレーベル館，2017

厚生労働省『保育所保育指針』フレーベル館，2017

内閣府・文部科学省・厚生労働省『幼保連携型認定こども園教育・保育要領』フレーベル館，2017

第7章 好奇心，興味，関心を育てる環境

〈学習のポイント〉
①私たちの生活において文字がどのような意味をもっているか，あらためて考えてみましょう。
②子どもにとって，文字はどのように学ぶべきものであるか考え，保育者は文字環境をどのように構成することが望ましいかを理解しましょう。
③園生活での数量とのかかわりについて把握しておきましょう。
④地域社会の中での園生活という視点で，保育の実際を考えてみましょう。

1．文字への関心を育てる

「幼稚園教育要領（以下「教育要領」とする）」「保育所保育指針（以下「保育指針」とする）」「幼保連携型認定こども園教育・保育要領（以下「教育・保育要領」とする）」の改訂（改定）により，保育指針および教育・保育要領では「乳児期」「満1歳以上満3歳児未満」「満3歳以上」との年齢区分で統一された。領域「環境」は，この年齢区分のすべてにおいて「ねらい」および「内容」が書き込まれた。

1 各年齢区分における文字環境の扱い

保育指針は領域「環境」に関する乳児保育のねらいを「身近なものと関わり感性が育つ」としている。乳児期であるから文字に関する記述は「ねらい」にはないものの，「内容」では冒頭で「身近な生活用具，玩具や絵本などが用意された中で，身の回りのものに対する興味や好奇心をもつ」ことが挙げられた（第2章 1 乳児保育に関わるねらい及び内容（2）ねらい及び内容（ウ）①）。

満1歳以上満3歳未満児については5領域にのっとった保育内容が新たに示され，文字環境にかかわることは，同じく「内容」の中で「玩具，絵本，遊具などに興味をもち，それらを使った遊びを楽しむ」との記載がある（第2章 2 1歳以上3歳未満児の保育に関わるねらい及び内容（2）ねらい及び内容ウ（イ）②）。

3歳以上児については教育要領に準拠し，5領域にのっとった保育内容が示されている。その1つとして領域「環境」が位置づけられているのは従来通りで，「ねらい」「内容」それぞれに絵本*についての次のような記載がなされている。「ねらい」では「身近な事象を見たり，考えたり，扱ったりする中で，物の性質

*3歳以上児の絵本については，領域「言葉」で言及されている。

や数量，文字などに対する感覚を豊かにする」，この「ねらい」に該当する「内容」は絵本への親しみではなく直接的に文字について言及されている（第2章 ねらい及び内容　環境　2　内容（10））。

このように，乳児期から発達に応じて絵本などへの親しみを促す環境を用意し，子どもが興味関心をもって自らかかわるような日常を園生活に醸成することによって，次第に文字への関心を高めていくことが期待されているのである。

2 日常生活で触れる文字

わたしたちの社会は，あらためてまわりを見まわすと文字や数字があふれている。街中や商店街を歩くと，日常なにげなく通り過ぎている道の両端に，意外なほど多くの看板があり，文字や数字が書かれている。レストランの前にメニューの書かれた洒落た黒板を目にすることも，しばしばである。しかし他方で，大規模に再開発される街に林立するビルからは，看板が消えているのも現実である。両親の共働きの増加で，そのような都会のビル群で育つ子どももまた増えている。

現代の日本ではほとんどの子どもが，生後3年から5年の間に文字の読み書きを学びはじめる。たいていは家庭で読み書きを「教える」のであるが，子どもの視点で考えれば文字はその読み書きを「学ぶ」ものである。

文字は，読み書き自体には目的意識をもちにくい性質をもっている[*]。たとえば，文字を読めて初めて看板を目印とした道の説明ができ，その説明を理解できるのであるが，少なくとも平仮名の51音をひとつひとつ覚えていく時期には，「あ」の文字を読める（あるいは書ける）ようになる目的は理解しにくいだろう。目的意識がもちにくいと，学習の動機も高まりにくい。したがって，文字習得初期段階の子どもは，両親や周囲のおとなたちからおだてられたり，時には叱られながら，苦心して読み書きを習得することになる場合が多いのである。

それでは文字習得に取り組む子どもは，どのような心情でその過程をたどるのだろうか。またおとなの側も，苦労な過程でしかあり得ないのだろうか。小児科の待合室で筆者が見かけた2人の子どもとそれぞれの母親の姿を紹介する。

*稲垣佳世子ほか『人はいかに学ぶか』pp.100-101，中央公論社，1989

> **事例7-1　絵本を読む子ども・読んでもらう子ども**
> 12月のある日，小児科の待合室に，同じ保育園へ通う2人の男児が居合わせた。この2人はともに2歳児である。4月生まれで2歳8カ月のH君は，待合室に常備されてある絵本を1冊選び，長椅子に座って読みはじめた。すらすら読んでいるとはいえないが，拾い読みではなく，文節ごとに区切ってしっかり読んでいる。そこへ，3月生まれで2歳9カ月のK君がやってきた。H君の隣に座り，しばらくH君が読むのを聴いていたK君は，本棚へ行き，自分の気に入った絵本を抱えて椅子に戻った。K君は「H君，これを読んでよ」と頼む。H君は「いいよ」と答え，今ま

で読んでいた絵本を脇に置いて，K君の差し出した絵本を読みはじめた。K君はうれしそうに，絵本の絵を眺めながら聴いている。

　近くの椅子には，この2人の母親が並んで座っており，子どもたちのようすを見ながら話をしている。K君の母親が「うわー，H君すごい。もうあんなに字が読めるの。早いわねえ」と感心する。H君の母親は「Hが『字の読み方を教えて』って言うから教えているの」と答えながら，「H，それは"まらぐ"じゃなくて"またぐ"なんじゃないの？」などとH君の読みの間違いを指摘している。K君の母親はそれを聞いて「うちのKなら"またぐ"の意味もわからないわ，きっと」と言い，クスリと笑った。

　その後H君の母親は，H君が平仮名を読めるようになってから，絵本を読んであげなくて済むようになり大変助かると語った。「だってHが『読んで』って言ったとき，『自分で読めるでしょう？』って言えるんだもの」と。そしてK君の母親が「でも一緒に絵本を読むのは（親にとっても）楽しいことじゃない？」と尋ねると，驚いた顔で首をかしげた。

　この2人の子どもたちはともに2歳児でありながら，文字へのかかわり方がまったくちがう。H君は平仮名をすべて読むことができ，自分で読むものとして絵本にかかわっている。一方，K君は，誰かに読んでもらうものとしてかかわっている。この違いは，単にH君とK君の生まれ月の違いだけでは説明しきれない。2人の母親のまなざしの違いが大きな影響を与えているからである。

　H君の母親は"とにかく子どもが自分でできることを増やし，早く自立的な生活ができるようになってほしい"と願っている。絵本ひとつをとっても，子どもと一緒に楽しむというよりは，子ども"が"楽しむものと考えている。他方K君の母親は，絵本というひとつの文字環境を通じて，子どもとともに楽しむ時間をもとうとしている。2歳児のこの時期に，絵本の内容をより楽しんでいるのは，"読む"ことで精一杯のH君ではなく，読んでもらっているK君であろう。

　その後K君は，小学校入学直前になって，母親に文字の読み方を「教えて」と言い出した。保育園で友だちが，小学校に入ると文字や数字を使った勉強をすること，自分は字を書くことができるようになったことを誇らしそうに話し，K君の前で自分とK君の名前を書いて見せたことがきっかけらしい。だがK君の母親は，知育玩具や文字習得のための本は一切購入せず，「これなんて読むの，と聞けばいつでも教えてあげる」とK君に伝えた。するとK君は，家の中では新聞や本を持ち出し，「この字は？」「これはなんて読むの？」を連発するようになった。また道を歩けば，商店の看板や張り紙を指して「あれはなんていう字？」と尋ねる。そして約2週間で，K君は平仮名51文字のほか，いくつかの簡単な漢字を読めるようになったという。

3 生活の楽しみを増やし，必要を満たすものとしての文字

　保育においては，文字は子どもが日常生活の中で，思ったことや考えたことを伝える喜びや楽しさを味わうものであると共通理解されている。したがって保育者の援助は，子どもが文字に対する興味や関心をもつようにはたらきかけることとなる。文字習得が子どもにとって楽な学習ではないことを考えれば，生活の中に浸透している文字の存在に気づかせ，興味・関心をもたせることが，目的意識を高め，学習効率をも高めることは当然であろう。幼児期の子どもにとっては，生活の文脈の中に埋まっている文字の存在に気づき，さまざまな文字環境とのかかわりを体験して，「自分でも読める（書ける）ようになりたい」と感じることが大切なのである。読める（書ける）ようになることで，どんなふうに自分の生活が豊かになるか，気づかせていくことが保育者の援助となる。

> **事例7－2　繰り返された手紙**
>
> 　S君は家庭の転居で，3歳児の1月から保育園を転園した。1歳児から通っていた前の保育園にS君は慣れ親しんでいたため，初めて新しい保育園へ登園する朝には不安なようすが見られた。
>
> 　新しい保育園の同じ3歳児クラスでは，R君がS君の身のまわりの世話をやき，2人はすぐに連れだって遊ぶようになった。翌日R君は，「Sくんだいすき，Rより」と自分で書いた手紙を持って登園し，S君に手渡した。R君は7月生まれ，S君は2月生まれである。R君の「Sくんだいすき，Rより」という手紙はその後も毎日，2ヵ月以上続けられた。その間R君の母親は，手紙を書くための紙や筆記具をR君と一緒に探し，選ぶことが日課であった。
>
> 　手紙をもらうようになって1ヵ月が過ぎたころ，S君は母親にR君からの手紙を見せながらこう言った。「ぼくもおてがみ　かきたいんだけど……」。S君は文字を書くどころか，読むことすらできない。母親はR君の絵を描くことを提案し，その日S君は絵の手紙を描いた。翌日になるとS君は，「ぼくはおてがみ　かけないから……」と言う。母親は，気持ちがこもっていれば，文字は正しくなくても思いは伝わるだろうと話した。S君は「～～～」といった文字にならないニョロニョロ文字を書いた。母親はその下にそっと「ぼくもRくんがだいすき，Sより」と書き添えてカバンに入れた。
>
> 　この2人の手紙のやりとりについては保育者も知るところとなり，保育者は2人がゆっくり遊び込めるよう配慮した。S君とR君が並んで給食を食べたがるので，固定席を2人並べたり，遠足でも2人が一緒にお弁当を広げられるようにした。
>
> 　その後4歳児になると，S君，R君を含むより大きな男児グループに発展し，遊びもダイナミックに変わっていった。

　R君は早期に文字を習得した子どもである。その習得過程がどうであったかはわからないが，新しく入ってきたS君に「だいすきだよ」という思いを伝える手

段として文字を使っている。R君の「伝えたい思い」をくみ取り，日々協力した母親と，R君の思いに「なんとかして応えたい」S君の心情を支えた母親，さらに2人の気持ちの通い合いを保育の場でも実現できるよう配慮した保育者と，三者の援助が方向性を同じくしている。このように，子どもの思いをくみ取り，実現できるような環境を構成していくことが保育者の力量にかかっているのである。この場合の環境構成は，ものの準備，人間関係へのこまやかな配慮，取り組み意欲への励ましであった。

　S君はR君の手紙という環境によって，新しい園生活での安心感を得，文字の存在と用途に気づいたのだろう。手紙はS君にとって，文字という気持ちの伝達手段を知る環境であり，またその環境によってS君は，文字を操作できない自分を知る。このときS君には，R君の思いに応えたい「心情」が芽生え，また応えるために文字とかかわる「必要」が生じたのである。S君は結果的には，絵やニョロニョロ文字の手紙によってR君に「ぼくもR君がだいすき」という思いを伝えることができ，R君との関係も深まった。だがもっとも大事なことは，S君の生活に文字にかかわる必要が生じ，その必要を満たすために文字環境とのかかわりの第一歩を踏み出せたことだろう。

　子どもにとっては文字そのものが関心を向け，はたらきかける環境であるが，子どもの関心と文字環境をつなぐ人的環境（この場合，母親たちと保育者）のはたらきが重要である。保育者の環境構成が子どもの関心を高めることもあれば，その逆もあり得るだろう。

　子どもの文字環境としては，絵本や紙芝居など，主として物語を体験する文化財のほか，自分の洋服や持ちものにつけられた名前，本や新聞を興味深そうに読んでいるおとなの姿なども考えられる。文字習得過程は平仮名の読み方，書き方を「教え込まれる」のではなく，子ども自身の心情と必要感から意欲的に取り組んでいく過程としたい。だから保育者の援助は，子どもの興味ある物事に絡めて文字環境をさりげなく構成し，「読める（書ける）ようになりたい」という心情，意欲を引き出す方向でなされるのである。

2. 園生活の中の数量概念と遊び

　子どもを取り巻く生活環境には数量概念もなくてはならないものである。いくつイチゴを食べたか，人と比べてどちらが多くイチゴを食べたかなど，数を数えることができて初めて知ること，理解できることが生活の中にたくさんある。

1 数えることを楽しむ

　園生活は集団生活であるために，使いたいものの数と使いたい人の人数の問題や順番などが生じる。子どもたちはやりたい遊びを展開するために，数量概念を用いる場面が頻繁にある。ここでは，園生活において子どもが数を数えることの意味と保育者の援助のあり方について検討したい。

> **事例7－3　おまけのおまけの汽車ポッポ**
> 　A保育園のブランコは3人までしか乗ることができない。この日早い時間に登園した4歳女児2名と3歳男児1名がブランコをこいでいた。そこへ5歳児が3名やってきて，「かーわって」と声をかける。だが4歳女児2名は「だめよ」「あとで」と言う。3歳男児は自分に言われているとも気づかないようすで，黙ってこぎ続けている。5歳児たちはその場でテレビ番組の話をしてブランコが空くのを待っていた。
> 　しばらくして5歳児たちは「ねえ，もうかわってよ」と口をとがらせはじめた。「10数えたらかわってね」と言う。そして「1，2，3，……」と揃って数えはじめた。「……8，9，10，はい，かわって」。するとブランコに乗っている4歳女児の1人が「おまけの　おまけの汽車ポッポも言わなくっちゃ」と言い，より一層高くブランコをこいだ。「あ，そうか」と5歳児たちは納得し，「おまけの　おまけの汽車ポッポ，ポーッと鳴ったらかわりましょ，ポッポー」と歌う。歌が終わったとたん，4歳女児たちはブランコから降り，まだこぎ続けている3歳男児に「ポッポーでかわるんだよ」と教えた。3歳男児はポカンとしながらも，ブランコから降りて5歳児に譲った。

　この事例では，「1，2，3……」と10まで数えることが「あなたはもうブランコに十分乗ったのだから，ほかの人に譲るべきだ」ということを意味している。そしてこの意味は，園全体で共通理解が図られている。けれども10まで数えてもまだ順番を譲りたくない気持ちを互いに認め，「おまけの　おまけの汽車ポッポ，ポーッと鳴ったらかわりましょ，ポッポー」が後に続くことも，共通理解されているのである。だからこの歌は，数をたとえば30まで数えるのと同じ意味をもっているといえよう。

　園生活には，数量にかかわる遊びや生活上のきまりがほかにもたくさんある。子どもたちは集団生活をするうえで数を数える必要に迫られたり，数量によってお互いの要求を折衷させることを学んでいく。待つこと，譲ること，公平に分配することなど，数量による線引きを共通理解することで，特定の誰かがいつもがまんするのではなく，互いに尊重し合う心と態度が形成されていく。保育者がそうした数量的な線引きを，「ルールだから守りなさい」と子どもに押しつけるように課したら，子どもは「先生に叱られるからこうしよう」と考えるようになるだろう。そうではなくて，そのルールが園生活になぜ必要であるか，そのルール

7章　好奇心，興味，関心を育てる環境

を守り合うことで自分たちの生活がどう豊かになり得るかを子どもが理解できるよう，保育者は道筋をつくり，子どもとともに理解の過程をたどっていくのである。数量概念も本来は生活上の必要を満たす要素をもっているのだから，あくまで子どもの生活に役立つものとして自然な形で取り入れたい。学業先取りのために計算を教え込むなど，目的がすりかわると，子どもの主体的能動的な学びの意欲すら削いでしまいかねないのである。これは文字にもいえることだろう。

文字や数量は生活に浸透しているものであり，それを使うことによって生活を潤すことができる。誰しも自分の生活を楽しみ，充実させたいと願っているだろう。文字や数は，生活に楽しさを増し，便利にするために必要な学びの対象であることを，子どもに伝えていきたいものである。

2 貨幣を通して経験すること

次に，子どもと貨幣との初期的なかかわりを通して，より大きな単位の数量が子どもの生活に意味をもちはじめる様相をとらえよう。

事例7－4　お店屋さんごっこ　　　　　　　　　　　　5歳児　9月

　ある幼稚園の5歳児クラスに実習生が入っていた。今日はお店屋さんごっこがクラス全体で行われており，後から4歳児も招待することになっている。子どもたちが数日前からつくった品物が，ダンボール製の店先に並んだ。このダンボール製の店も，子どもたちが保育者と実習生に手伝ってもらいながらつくったものである。

　T君・Hちゃんら5人は，ゲームコーナーをしている。輪投げをして輪が入ると，景品をもらえるコーナーである。「はい，いらっしゃい，いらっしゃい」と5人は元気よくお客を呼びはじめた。

　実習生が2人の子どもとゲームコーナーへやってきた。「はいどうぞ，いらっしゃい」とHちゃんが迎える。「ゲームは1回いくらですか？」と尋ねる実習生にHちゃんは，「ゲーム1回1000円です」と答えた。実習生は「1000円？　ちょっと高いなあ。困ったな，100円玉だと何枚いるんだろう……」と言いながら，考えるしぐさをする。そばにいたT君が「えーと，5枚くらいじゃない？」と言う。実習生は100円玉が3枚しかないことを伝えた。実習生といっしょに来たM君が「2回はいくらですか？」と尋ねた。するとHちゃんが「2回で50円！」と答えた。ほかの店で買い物をしていた保育者が，ゲームコーナーの方を向いて笑った。実習生も思わず笑いながら「それじゃあ私，2回しよう。50円なら払えるから」と言い，輪投げの輪を2個受け取って50円玉をひとつHちゃんに手渡した。

　実習生がゲームコーナーから離れると，保育者が近づいて「値段の正確さは，まだいいのよ」とささやき，2人で微笑んだ。

この事例は，5歳児のお金のやりとりのようすが微笑ましい。ものの価値と貨

幣の役割についての子どもの知識がどのようであるかが，よくわかる。商品と貨幣を交換することは，日常生活の経験から知っているが，その商品の価値と同等の金額が支払われることには関心が及んでいない。また，10円・50円・100円・1000円などの貨幣単位については多少知っていても，それらを組み合わせて計算し，目的の値段にするという意識もまだ見られない。

　保育者が実習生にささやいた通り，この子どもたちは，お店屋さんごっこという手段で商品と貨幣の交換場面を楽しんでいるのである。こうした遊びを積み重ねていくうちに，やがて家庭生活での直接体験から，貨幣経済に関するより深い興味・関心が芽生えていくことだろう。保育者は子どもの状態をよく見て，今必要な環境を子どもとともに構成していく役割を担っているのである。計数と同様，貨幣の数量と単位も，それを覚えさせるために教えるのではなく，あくまで園生活においては数量を遊びに取り入れ，子どもの発達に見合ったかかわりを存分に楽しみたい。

3．地域の伝統文化に親しむ

　地域にはそれぞれ，長い年月をかけて育んできた伝統文化がある。独自の工芸，焼き物，織物のようなモノづくり文化を有する地域もあれば，独特の祭りに地域の歴史を体現しているところもあるだろう。文化は生活に根ざしているから，子どもたちは生活圏の伝統文化を生活の中で自然に体験的に学んでいる。しかし戦後の第一次産業の衰退と都市化に伴い，サラリーマン家庭が増大しはじめたころから，生活圏の移動も一般化したため，伝統文化は継承が危ぶまれるようにもなった。進学，就職を機に，都市へ移り住む若者も多数いるため，生まれた地域で生涯をまっとうする人は，現代では決して多くない。このような背景にあって，伝統文化がその地域に生活する人たちのアイデンティティにはなりにくいのが，現代日本の特徴でもあり，課題でもあるだろう。保護者が地域に親しみをもたないと，子どもはその地域の文化に触れる機会を失ってしまうのである。子どもたちに地域の伝統文化を伝えることは，保育現場が家庭と地域をつなぐことを意味することになる。

　次の事例は，ある幼稚園の4，5歳児が地域の祭りで伝統の踊りを披露し，さらに後日，園行事である生活発表会で保護者に踊りを見せるというものである。

事例7-5　パパと踊りたい　　　　　　　　　　　　　　3歳女児　8月
　　D幼稚園は東京都の下町に昭和中期に開園した。開園当時の園児と保育者が振り

つけをしたソーラン節が，園の夏祭りで親しまれている。この振りつけをした世代の子どもも，昭和後期から平成初期に多数在園し，同じ踊りで夏祭りを楽しんだ。今，まだ少数ではあるが孫世代が入園を果たしており，親子三代で夏祭りに参加する家庭もある。

今年3歳児で入園したR子もそのひとりで，三世代での参加があるかと園長（当時とは代替わりしている）も心待ちにしていた。R子は内気で，入園後1ヵ月以上，朝の登園で母親から離れられず，ようやく母親を見送ることができるようになってからは，担任保育者の後をついてまわる日々が続いた。クラスの友だちの誘いに応じて遊ぶようになったのは，7月になってからである。夏祭りは夏休み期間に行われるため，D園ソーラン節は7月になるとほぼ毎日，やりたい子どもを中心に園庭で音楽を流し，踊っていた。R子は，あまり踊りに興味を示さず砂遊びに熱中している女児2人と過ごす日が多いこともあり，保育者が誘っても踊りの輪には入らずじまいで夏休みを迎えた。

夏祭りの日，R子は両親と手をつないで園に現れた。担任保育者が「R子ちゃん，こんにちは。暑いねえ。元気にしてた？」と挨拶すると，R子ははにかんで下を向いたが，すぐに「ソーラン踊るの！」と顔を上げて保育者に明るい表情を見せた。手をつないでいる父親が「いやあ，懐かしいです。R子にどうしてもいっしょに踊ろうと言われて来てみたんですが，来てよかったなあ。懐かしい」と目を細めた。

担任保育者は「R子ちゃん，パパと踊るの？」と目を丸くしている。父親は「親もいっしょに踊っていいんですか？」と，保育者の驚いた表情の意味を勘違いしている。保育者は，R子の頭をなでながら「もちろん大歓迎です」と答え，親子3人を園庭に促した。

R子と父親は嬉々として踊っている。それを見ながら母親は保育者に話を始めた。「おかげさまで幼稚園にすっかり慣れて，よほど毎日楽しいようです。ソーラン節をパパと踊りたいと言って，夫が早く帰宅する日は必ず，寝る前に振りを教えていたんですよ」。母親の話を聞きながら，担任保育者は踊りの輪に入ってD園ソーラン節を踊っているR子のこれまでの園生活を振り返っていた。

担任保育者はR子を内気な子どもととらえており，そのとらえを形成している，日々のR子の生活のようすも省察が積み重ねられている。踊りに誘っても入ろうとしなかったR子が，まさか家庭では夏祭りを楽しみにし，D幼稚園の卒業生である父親といっしょに踊ることを熱望しているとは，考えもしなかったようである。どうやらR子は，7月になって毎日のように園庭で繰り広げられるD園ソーラン節の踊りを，実はよく見ていたようだ。子どもの興味関心は，言動だけではわからないこと，また，子ども理解は長期的に見続けることが大切であることを，R子の踊りを見ながら担任保育者は実感したのではないだろうか。

この事例でR子が実は踊りに関心をもって見ていたのは，楽しそうな他児のようすやR子と楽しさを共有したくて誘い続けた保育者の存在が影響したと考

えられる。もちろん、卒業生である父親が同じ踊りを昔この園でしたという事実も、R子とD園ソーラン節をつなぐ要因であったかもしれない。この幼稚園で生まれた文化を通して、1人の女児が今後他児たちとつながっていくきっかけを保育者がつくり上げ、さらに文化と子どものつながりが園と家庭を結びつけたといえるだろう。

次の事例は、同じD園ソーラン節を翌月の生活発表会で保護者に披露した場面である。

事例7－6　親世代が踊り出す　　　　　　　　　　3歳，4歳女児　9月

　生活発表会のフィナーレは、全園児によるD園ソーラン節の踊りであった。手拍子していた保護者の中から、立ち上がっていっしょに踊り出した父親がいた。3歳児R子の父親である。すると、卒業生である保護者が次々と立ち上がり、4名踊り出した。終わるころには、ほとんどの保護者がビデオカメラを脇に置いて、見よう見まねで踊っていた。会場は大変な盛り上がりで、生活発表会終了後「よかったですねえ」などと保護者同士が会話しながら会場を後にした。
　R子は最近4歳児のN子と園庭で遊ぶ機会が増えており、たまたま生活発表会からの帰り、N子親子を見つけて「Nちゃん！」と呼び止めた。2人が手をつないで歩きはじめたので、2人の母親同士、父親同士も自然に言葉を交わしながら帰途についた。

事例は、卒業生という枠を超えて、D幼稚園発祥の文化を保護者たちが主体的に共有しはじめた瞬間をとらえている。すでに他児と遊びを共有することができるようになりはじめているR子とD園ソーラン節のつながりが、ついに保護者同士をも結びつけている。D幼稚園を舞台に、おとなたちが地域のアイデンティティを共有しはじめたことは、D幼稚園の園児だけでなく、今後、地域全体にこの踊りを核とするアイデンティティが広まり定着していく可能性が生じたと考えられるだろう。

子どもの生活における伝統文化とは、文化そのものを吸収する側面と、文化を通して人と人がつながっていく側面があるようだ。R子はD幼稚園の生活の中で、参画者のひとりとしてオリジナルな「わたし」を形成している。園生活になじめずにいると考えられていた時期から、園における「わたし」の形成は目に見えないところで進行していた。保育者の役割は、この両面を視野に入れ、子どもと文化の橋渡しをするとともに、周囲のさまざまな他者が文化共有の輪に入ってこれるよう受容的な風土を用意したり、人と人がつながっていく偶然をとらえ、教育の糸口としていくことであるだろう。事例の担任保育者も、R子の「わたし」が「わたしたち」になりはじめている局面をきちんととらえ、自覚的に教育の端

緒としていくことが期待される。

【参考文献】
文部科学省『幼稚園教育要領』（告示）2017
厚生労働省『保育所保育指針』（告示）2017
内閣府・文部科学省・厚生労働省『幼保連携型認定こども園教育・保育要領』（告示）
　2017
稲垣佳世子・波多野誼余夫『人はいかに学ぶか』pp.100-101，中央公論社，1989
佐々木正人・三嶋博之編『アフォーダンスと行為』p.78，金子書房，2001

第8章 これからの幼児教育と課題

〈学習のポイント〉
①科学性の芽生えは，子どもの主体的な活動から生まれてくることを理解しましょう。
②子どもの探究を支えるために，物理的環境と人的環境の両者をつなげていくことを考えてみましょう。
③保育者自身の感性を磨くことが，多様な保育活動を生み出す第1歩となることを理解しましょう。
④現代日本の子どもを取り巻く問題にも焦点をあて，多角的に保育活動を見直しましょう。

1. 子どもの発達の特徴と領域「環境」の重要性

「幼稚園教育要領（以下「教育要領」とする）」「幼保連携型認定こども園教育・保育要領（以下「教育・保育要領」とする）」の総則には，「幼児の*自発的な活動としての遊びは，心身の調和のとれた発達の基礎を培う重要な学習である」とし，小学校の教育とは質が異なることが示されている。心理学的には乳・幼児は，身体や思考・情緒が未分化であり，同じ遊びを繰り返しながら知的に探究し，他者との協同で，道徳の必要性を感じ，それらが総合されて遊びというものに子どもは情緒的な満足を得ている。しかし子ども自身は，それらを意識的に考えているというよりも，多くのことを同時に全身で考えているという形容が未分化という子どもの姿を現す言葉としてふさわしいであろう。この未分化の中で培ったことが，後の小学校教育の教科指導の中で分化し，「生活」であったり，「国語」であったり，「算数」などにつながっていくのである。さらに，子どもの活発な遊びによって，非認知能力といわれる集中力および忍耐力が培われ，教科を超えた「学習に向き合う力」も育つとみなされている。

また「教育要領」によって，「幼児期の終わりまでに育ってほしい姿」として（1）健康な心と体，（2）自立心，（3）協同性，（4）道徳性・規範意識の芽生え，（5）社会生活との関わり，（6）思考力の芽生え，（7）自然との関わり・生命尊重，（8）数量や図形，標識や文字などへの関心・感覚，（9）言葉による伝え合い，（10）豊かな感性と表現，として具体的にその姿が現されている。この10項目の多くが領域「環境」と密接につながっている。なぜなら，領域「環境」は，子どもが自然や事物，周囲の環境との相互作用を通した子どもの活動から，思考力や数量につながる論理性，公共心が培われていくからである。

しかし，5領域の中で領域「環境」は，発達の窓口として子どもの姿を見て取

*「教育・保育要領」では「乳幼児期における」と記されている。

ることが難しい要素がある。「自然との関わり」はその環境を用意する中で，子どもの意識を高めることができるが，「思考力の芽生え」は，子どもの遊びの中で子どもの頭の中になにがあるかを読み取ることから始まるため，子どもを見ながら目に見えない思考について保育者がつねに意識を回していかなければならなくなる。日々の保育で保育者は安全に配慮しながら，多くのことを瞬時に判断するため，個々の子どもの頭の中を見ることは通常の保育の中ではできにくい。また未分化であるため，なにを考えているかをとらえることも難しい。しかし子どもが集中して遊ぶ中には意味があり，この子どもが集中して遊ぶ姿を「遊び込む」という言葉で現し，多くの園で子どもの「遊び込む」姿を保育の質の指標としてとらえ，園内研究で，子どもの活動の動きを見て取ることがなされている。

　本章においては，子どもの遊びを科学性の芽生え（知的発達）としてとらえ，領域「環境」と関連づけながら子どもがその遊びの中でなにを感じ，考えるのかをいくつか事例を挙げながら解説していく。

2．科学性の芽生え（知的発達）を促す環境

> **事例8-1　噴水をつくるんだ！**
> 　園庭の砂場で，数人の5歳児の子どもが大きな砂山をつくり，一番てっぺんと四方に穴をあけてトンネルをつくった。その穴は中でつながっている。てっぺんの穴から，水をそそいでいる。「噴水をつくるんだ」と勢いこんでいる。しかし，ジョウロで入れても四方の穴からは水が出てくる様子はない。水の勢いがたりないと考えた子どもたちは，ホースをひっぱりだし，水量をかえててっぺんの穴に水を流したり，ホースをてっぺんから離して高い位置より水をそそいだり，自分たちが想い描いた結果をだすために忙しい。しかし，無情にも水は地下にしみこむだけで，四方からでる様子はない。そのことに子どもたちはまだ気づいていないようである。自分たちの働きかけ方が悪いせいと思っている。今しばらくは，子どもの働きかけを見まもることにする。
> 　　　　　　　　　　　　　　　　　　　　　　　　　　　　　　（日誌より）

　子どもは，自分たちの身のまわりにある自然やものとのかかわりの中で，自然の不思議さを感じ，事物の性質やしくみに興味や関心をもっていく。子どもは全身をつかって，知的な活動を行っており，そのプロセスを楽しいと感じている。園での日常生活のあらゆる場面で，領域「環境」の視点が必要となることはいうまでもない。子どもが事物に主体的にかかわることで，事物の性質やしくみについてのより深い知識が，事物との相互作用を通してつくり出されていく。そのた

め，園では子どもが興味・関心をもった事柄についてたくさんかかわる時間と空間が必要になってくる。

では，子どもが興味・関心をもち，探索・探究している姿とはどのような姿であろうか？　ここでは，5歳児のビー玉転がしという事物にかかわる遊びを例に見ていこう。

(1) 子ども自身のはたらきかけで，ものを動かしかかわっている

　A児が，ビー玉を転がすためのレーンを組み立てているところである。ビー玉を転がすために角度をつけねばならないこと，その角度を支えるために必要な積み木の高さも考えながら材料を選んでいる。

　自分でかかわる。これは，子どもの知的発達が促されていくための大前提となる姿である。子どもが繰り返しながら何度もかかわっている姿があるとき，保育者は，子どもがなにに関心を示しているかに注目したい。

◀どう組み立てようか

(2) 子どもがそのはたらきかけ方を変えながらかかわりをもつ

　B児・C児・D児は協力しながら，ビー玉を転がすレーンをつなげていっている。自分たちの目当てを言葉にしながら，共通のイメージをつくり，斜度だけで転がすのではなく，落差のある仕掛けや折り返しを入れながらビー玉を転がそうとしている。時には意見がぶつかるが，うまくいくための方策について議論し合

◀ちょうどよい高さはどのくらいかな

いながら高さなどを調整していく。

　探究がより深まるためには，子どもははたらきかけ方を意識的にまたは無意識的に変化させていく。子どもなりの目当てを考え出し，そのゴールに向けてはたらきかけ方を変えていくのである。この過程において，子どもの頭はフル回転しているといっていい。失敗することもたくさんある。しかし，事物とかかわる活動での失敗は，次への変化を生み出す原動力にもなっている。その姿は，実験に没頭している科学者の姿とも重なる。知的好奇心を伴う遊びや活動は，科学性の芽生えにつながるものなのである。

（3）ものの反応を自分の目で見て取ることができる

　E児・F児は自分たちがつくったレーンでビー玉がどのように転がっていくかを真剣に見ている。調整した結果はうまくいっているのだろうか？　新たな問題は？　と，その目を片時もビー玉からそらすことはない。

◀考えた通り，うまくいってるかな？

　自分がはたらきかけたことの結果を，子どもは必ず確認しようとする。思いもかけない結果があると，子どもの探究心に火がつき，同じ結果を出すためにはどうしたらいいのかと何度も繰り返していく。自分がこうなってほしいという結果が目に見える形でわかることで，事物の性質をとらえていくこともできる。

　実際，子どもがひとつのことにかかわっているとき，これら3つのことが切れ間なく頭の中で行われている。おとなにとって，単純な繰り返しと思われる事柄でも，子どもにとっては大問題であり，繰り返し，繰り返し行う価値のある事柄なのである。また，子どもは，自分が立てた課題が簡単すぎると満足できず，さらに難しい課題を考えようとする。ビー玉を斜面に流すという単純な遊びだが，ビー玉が流れるためにどのような角度をつけるべきか，そのために高さはどれぐらいにしたらいいのか，折り返しの際，ビー玉の速度は速い方がいいか，おそい方がいいのかひとつひとつ試しながら，遊びを組み立てていくのである。

　子どもの科学性の芽生えは，子どもが身のまわりにある自然や事物に，自分の

今ある知を総動員しながらかかわっていくその姿のただ中にある。その過程の中で，数量についてより深く考えられ，必要な情報を示す文字にも関心を示す。そして，自分が見い出したことは，次の遊びや活動に生かしていこうとする。そのため，保育者は子どもが今，なにを考えているかを読み取り，子どもがより深く考えることができるように，人的・物的環境を整えていかねばならない。

事例8-2　シャボン玉がうまくできない

　4歳児Aちゃんが，シャボン玉をつくろうと勢いこんで，ストローを吹いている。しかし，強く吹きすぎてシャボン玉液が飛んでしまっている。何度も何度も同じ結果にAちゃんは悲しそうにあたりを見回した。その時に，まわりにいる子どもが「優しく，優しく吹くんだよ」と自分が発明した方法を誰に語るということなく話している。Aちゃんの目がキラリとひかった。数分後，シャボン玉を楽しそうに吹くAちゃんの姿があった。「優しく，優しく吹くんだよ」と言いながら。（日誌より）

　この子どもの科学性の芽生えを育むために大切なのが，ともに遊ぶ仲間との相互作用である。子どもは，自分が発見したことや，発明したことを誰かれなしに話し，分かち合いたいと考えている。また，自分1人では思い浮かばなかった友だちの遊びのアイデアは，遊びを広げるチャンスをも与えてくれる。

　さて子どもにとって，遊びをともにつくり出す仲間との関係は対等である。実はこの関係が遊びや活動を充実させるために大切な要素となってくる。仲間関係が生まれてくる4歳児あたりから，自分の意見を仲間に聞いてもらおうとする駆け引きが始まる。意見の調節ができず，多くのトラブルも発生する。しかし，仲間と遊びたいという欲求が，自己を抑制していく動機づけになり，折りあい点を見い出そうとする。その折りあいを見い出すと同時に，役割分担をして，1人ではできない遊びや活動も協同*で行う力が育まれていく。子どもが日々感じる"なぜ"も，仲間がいて議論を重ねることによって深まりができ，"なぜ"を解明するための手段も，自然に役割分担がされることによって，よりダイナミックな子どもの科学性の追究が可能となるのである。この協同の力が育まれるためには，子どもの主体的な遊びや活動の積み重ねが必要となってくる。

*協同(co-operation)——J. ピアジェによって定義された他者の観点に立ちながら，ともに考えたり，活動を行うための心的操作。

事例8-3　これって本当に種なの？

　夏の植物栽培に，子どもが咲かせたい花を選んでもらおうと，アサガオ・マリーゴールドなどの種を用意した。アサガオは子どもになじみがあり，種としてイメージしやすかったが，マリーゴールドの種は，一見木のくずにしかみえず，この中から命がでてくるのかどうか，子どものなかから疑問の声があがった。そこで早速，実験することになり，植えてみることにした。毎日水をやり，芽がでてきたときは，

> 木のくずにしか見えないものにも，命があったことに驚きと感動があった。
> （日誌より）

　植物や飼育栽培を通して，命の大切さ，不思議さを感じることは，領域「環境」の中でも大切なテーマである。多くの園で季節に応じて飼育や栽培に取り組んでいるが，子どもが持続して活動にかかわるという点が難しいのではないだろうか。

　栽培の難しさは，植物が，事物と違って子どもがかかわってもすぐに変化が表れないところにある。幼児期の特徴として，すぐに反応する事物に対して，大きな興味を示すが，水を注いでもすぐに発芽しない植物は，子どもの興味・関心を持続させるのが難しい。また，さなぎなどが変態しているときも，子どもにとっては，それが中で生きているという確信をもつことが難しい。そのため，子どもの興味を持続するための保育者側の言葉がけや見せる位置などの工夫が必要となってくる。しかし逆に，理解が難しいぶん，生命の神秘を感じ取ることができるといえるのではないだろうか。ある日突然，緑の芽が出ていること，茶色だったさなぎから，色鮮やかなアゲハチョウが出てくること，といったような不思議さや感動を育むことが，自然とかかわるうえで大切な点となる。

　ではどのようにすれば，子どもが興味をもってかかわり続けることができるのだろうか。ある園で，土づくりから子どもと始めると，それまでただ植えるという作業では興味が続かなかったのに，子どもが関心をもって栽培活動を行ったという話を聞いたことがある。土づくりも土中の虫捕りを楽しむなど脱線しながら活動をしているのだが，しかし土づくりがなんのために行われているかについては，子どもの中ではっきりと意識されるようである。もちろん子どもが目につく位置に栽培物を配置し，変化を目にしやすい工夫をすることも大切なことである。また，収穫できるものがトマトやキュウリなどの野菜であるということも，子どもが収穫を楽しみにかかわることができる要因となる。楽しみにしていたトマトがカラスに食べられたという事件も，どうしたらカラスに食べられないようにできるかとクラスの中で話し合い，動物と人間の知恵比べをしていくなど，栽培にだけ目を注ぐのではなく，栽培にかかわるすべての自然を保育の中に取り込むと，自然とかかわる楽しさ，厳しさなど，よりダイナミックな経験を子どもは行うことができる。

事例8−4　100匹のザリガニが！

　A君のお母さんが顔色を変えて園に相談に見えた。A君がつかまえて飼っていたザリガニ100匹のはさみを全部ちぎってしまったそうである。「こんな残酷なこと

> をして，将来大丈夫でしょうか」と不安を訴えられる。どうやら，園にあったザリガニの絵本を読み，はさみがとれても，新しくはえてくるというのを自分の目で確かめたかったらしい。ただ，はさみがぬければ，すぐに生え替わると思っていたらしく，待ちきれなくて，次々はさみをもいでいったようである。　　　（日誌より）

　小動物や昆虫の飼育には，もうひとつ違った意味での難しさがある。それは，子どもの自己中心性からくる小動物との付き合い方にある。事例8-4の例は，ただ見てみたいという思いを抑えきれなくて，はさみをもいでしまっている。ほかにも，ダンゴムシを集めることに夢中で，箱の中に数え切れないダンゴムシを入れ，逃がそうと保育者がすすめても，頑として首を縦に振らず，翌日には，すべてのダンゴムシが死んでいたという話はよくある。そして次の日もダンゴムシ集めに精を出し，集めたダンゴムシを手放そうとはしない。いったいどうしたら，子どもたちに命の尊さを理解してもらえるのだろうと悩んでいる保育者は多い。

　しかし，そういう子どもほど，年長クラスになったとき，虫博士になっているケースが多いのである。それはなぜだろうか？　虫を集める姿は，それだけ虫に興味があるということであり，大好きだからこそ手放せない。自己中心性のある子どもにとって，これは自然な感情である。しかし何度も何度も虫を死なせていく。まわりのおとなが，死に対する痛みを語り，虫の命について考えるきっかけを与えることも必要であるが，虫が好きという気持ちから，うまくかかわっていきたいと子ども自身が願うようになって，自らかかわりを変えていこうとするこのプロセスが大切だと感じる。うまくかかわるためには情報を得ようとし，得た知識を使って，飼育環境を整えようとする。そのプロセスにおいてもまた何度も失敗がある。長い時間はかかるが，今まであんなに自分の手元に虫たちを置くことに固執していた子どもが，虫にも命があることを思いやり，虫のために手放すという決断ができるようになる。これが本当の意味で自然に親しむということではないだろうか。

　科学性の芽生えを育む環境は，子どもの主体的な遊びや活動を軸に，人との協同の中で生まれてくる。園の日々の生活の中で，繰り返し行われる遊びには，自己中心な子どもが，他者を思いやる脱中心*のプロセスがあり，空間や時間，数量など予測ができない状況から始まって，幾度の失敗を重ねながら，事物の性質を知り，その性質を知ったうえで，予測を伴った遊びへと発展していくプロセスがある。そのどれもが子どもは時間をかけてつくり出していくため，気長にかかわっていくことが大切である。そして子どものそばにいながら保育者は，子どもが発達のうえで，今どこにいるのかを絶えず検討しながら，この子どもにとって

*脱中心——一方的な自己の視点から，他者の視点に気づき，自分と他者を比較するなどの関係づけを行えるようになること。

必要なことはなにかを考え，子どもがより深く考えることができるようにひとつひとつの環境構成を整え，子どもの知的発達・道徳的発達を促してもらいたい。

3．科学性の芽生え（知的発達）を促す援助の視点

　子どもの生きいきとした探索活動を支援するために，子どもの発達を見通す目をもちながら，保育者は積極的に子どもとかかわることが大切である。日本の幼児教育は「幼児期の特性を踏まえ，環境を通して行う*」こととし，多くの園では，さまざまな環境を整えて子どもが多様な経験ができるように，環境構成の配置の工夫がされてきた。しかし，子どもが楽しんで遊びや活動を行っている姿を見て，満足していたきらいはなかっただろうか。

　教育要領の幼稚園教育の基本および教育・保育要領の幼保連携型認定こども園における教育及び保育の基本に，「幼児**の主体的な活動が確保されるよう幼児一人一人の行動の理解と予想に基づき，計画的に環境を構成しなければならない。この場合において，教師**は，幼児と人やものとの関わりが重要であることを踏まえ，教材を工夫し，物的・空間的環境を構成しなければならない。また，幼児一人一人の活動の場面に応じて，様々な役割を果たし，その活動を豊かにしなければならない。」としている。これは，表面的な多様な経験から，さらに一歩すすめて子どもの活動の質的深まりが求められてきていることを意味する。この節では，直接の援助の方法論というよりも，保育者が視野を広げて活動が展開できる手立てや考え方を述べていきたい。

*教育要領「第1章　総則　第1　幼稚園教育の基本」より引用。

**教育・保育要領では「園児」「保育教諭等」と記されている。

1　保育者自身の興味・関心の幅を広げながら，感性を育む

　園内においては，子どものよりどころは保育者になる。もちろん親とは異なる存在であるが，多くの子どもが保育者に限りない信頼をおいている。そして，保育者が好きなことは，自分も好きだと感じていく。うたを歌うことが好きな保育者のクラスの子どももうたが好きだということはよくある話である。保育者が見つめようとするものを，子どもも共有したいと願っている。

　領域「環境」の分野においては，保育者が生きいきと周囲にあるものとかかわる姿は，子どもが自然や事物に興味をもつきっかけをつくる。そしてなにより大切なのは，子どもがふと漏らす言葉や行動にもそういう保育者は生きいきとかかわることができるということである。保育者の感性を磨くということは，それはただ子どもの姿を読み取るためだけではなく，子どもとともに不思議なことに対して探索していこうとする姿勢にもつながっていく。子どもと同じような遊び

心をもち，仲間の1人として子どもといっしょに自然や事物への追究にかかわっていってもらいたい。

また，自然が失われて，自然とのかかわりができないのは子どもだけではない。保育者自身も自然とかかわった経験のない人が増えてきている。前述の「生きいきとかかわる」ことにつながっていくが，保育者の興味・関心の幅が狭いと，子どもへの自然や事物の不思議さの提示が限定されていく。また，子ども自身が編み出している自然や事物とのかかわりも発展させることができない。都市部の園であるが，子どもに自然を身近に感じてほしいと願い，園内に自然を呼び込む工夫をしているところがある。金銭的に大きなことはできないが，プランターに水を張る。その水の光を目がけてトンボがやってくる。おままごとに使うためにクローバを植える。子どもたちが色水遊びを十分にできるように，色とりどりの植物を園内に植えていく。専門家に尋ねながら，このような活動をこつこつと積み重ねている。この積み重ねが有形・無形に子どもたちの科学性の芽生えを育む。

2 子どもとともにカリキュラムを考えながら，保育をすすめる

子どもの興味・関心を読み取りながら，保育を発展させていくという考え方は基本であるが，それをさらに一歩すすめて，子どもたちといっしょにカリキュラムをつくり出していくという姿勢が，子どもの科学性の芽生えを育むために必要なのではないだろうか。

子ども自身がカリキュラムづくりにかかわるということは，子どもがしたいことをただ網羅していくという意味ではない。クラスの一員として，次になにをしていくかという判断を可能な限り子どもとともにしながら，いっしょにクラスを運営するということである。このような姿勢は，子どもにクラスに対する責任意識を芽生えさせ，集団としての主体性を養うことにつながっていく。また，自分たちが保育の計画にかかわっているという意識があると，自分が今なにをしたいのか，そのために準備としてなにが必要かをクラスの同意を得るために，明確に伝えようとする気持ちをも起こさせる。

園内にビオトープをつくるところが増えているが，業者につくってもらうことをせずに，子どもたちと池を掘るという作業をしている園もある。保育者は，子どもが園内で自然により深く興味をもってほしいと願うが，その願いが子どもの具体的な目当てで共有されたとき，池に対する目的意識が育ち，子どもの方からアイデアも出てくるようになる。どのくらいの大きさの池にするか，その大きさにするためには，何人の友だちの協力が必要となるかなど，クラスでのミーティングは尽きることがない。意見の対立も出てくるが，話し合いで決めたり，多数決で決めたりしていく。集団の力を合わせることは，保育者主導の保育運営より

も時間を要するが，その中で人と和して生きていくという力が養われていく。また集団で行われる自然や事物についての追究は，よりダイナミックになっていく。

❸ チームで子どもの遊びや育ちを見て取るように心がける

　子どもに可能な限りの広い空間，活動を続ける時間を与えていくと，1人の保育者だけでは，クラスの子どもの姿を見て取るには限界がある。そこで園の全職員の協力を得ながら，全員で子どもとかかわりをもっていくことが大切になっていく。また，1人ひとりの子どもが，その日なにに興味をもち，どのような遊びや活動を行っていったか，また，そのときそばにいた保育者はどのようにそれにかかわっていったかなど，定期的に情報交換をしていく必要がある。

　さらに，同じような遊びや活動でも，年齢に応じた違いがあるのか，あるとすれば，その年齢にとってのその活動の意味はどこにあるのかなど，子どもの遊びや活動をじっくり見るという機会も必要である。ある園のカンファレンスでは，活動のビデオを撮って全職員で討議をしている。かかわりの中で，悩みや迷いが出てきたりもする。それを率直に話し合える場があると，保育者の環境についての視点が養われていく。保育者の視点が養われていくと，環境構成や言葉がけもおのずと変わってくる。保育の中で子ども同士の相互作用は，子どもの科学性の芽生えを育むためにとても大切であるが，保育者同士の相互作用も同様に，保育者の科学についての目を富ませてくれるのである。

　また，自然を扱うという点では，その季節を逃すとかかわれないことも多い。日々の保育をすすめるだけでも手一杯という状態のとき，チームで準備をしていくということは，その一瞬を逃さないという点でも大切だと感じる。また，保育者1人ひとりにも得手不得手があり，自分の得意分野ではリーダーをつとめ，不得意分野では，ほかの保育者に補ってもらいながら，保育者としての幅を広げることに努めてほしい。保育者のチームに活気があり，遊び心があるところでは，園全体が活気に満ちあふれている。その中で育まれる子どもが，生きいきしてくるのは当然のことである。

❹ 園内の環境から地域の環境へと視点を広げ，地域との連携を図る

　身近な自然や事物に子どもとかかわるため，園内の環境をきめ細やかに整えている園がたくさんある。子どものために植えた木や植物が見事に育ち，子どもがその中で自然と触れ合いながら，生きいきと遊びや活動している。しかし，領域「環境」は園内だけでとどまるべきであろうか？　園内は，安全で，保育者も熟知しているため，安心である。しかし，それは本当の意味での子どもを身近な環境に触れさせるという点で十分であろうか？

ある園では，近くの公園を第2の園庭として活用しているところがある。より広く，より自然が豊かなところで子どもを保育したいと，行き帰りの安全に留意しながら子どもを連れて行く。子どもを広い自然にいざなうと，園内とは違った遊びをつくり出していく。葉っぱをお皿に見立てながらままごとをしたり，秘密の基地をつくったり，山道や多少の崖も友だちと声をかけ合いながら登っていく。また，ある園では，夜の公園のお散歩を計画した。昼間の公園とはまったく違う夜の公園。出てくる生き物も違ってくる。自然が失われている現在だからこそ，子どもに多様な自然に出会わせたいと，発想を変えて地域へと保育の場を広げる園が増えてきている。

　また，保護者や地域の協力を得ながら，保育をすすめているところもある。多様な人とかかわることが，保育者とは違う人の存在を子どもに感じさせていく。虫好きのお父さんが昆虫の飼育方法を伝授してくれたり，公園の管理のおじさんが，どこに生き物がいるのか，なにを食べているのかを教えてくれる。保育者だけでは伝えられないさまざまなことを，いろいろな人の協力を得て，その人の豊富な知識を子どもに話してもらう。子どもにとっても，保育者にとっても，今までもっていた世界が広がる一瞬である。

5 多文化理解・国際感覚を養う

　外国の子どもたちが園に多く在籍している地域では，多文化理解を保育に取り入れるという取り組みがなされてきた。文化・風習による違いを日本の保育者が受け止めることから始まったが，身近に存在する肌の色の違う友だちの国について知ることを通して子どもの視点を広げるということも大切ではないだろうか。

　ある園では，子どもたちが世界のおうちをつくろうと，グループごとに図鑑を調べて，氷のおうち，布でできたおうち，レンガでできたおうちなどつくりたいおうちのテーマを決め，保育者は，そのテーマに即して，そこではどのような生活があるかを紹介し，より子どものイメージがふくらむような援助を行っていた。またほかの園では，グローバルフェスタと題して，子どもたちがその国の紹介を行う活動をし，保育者は民族衣装を用意し，異なる文化を身近に感じ取れるようにした。その活動の中で，子どもたちは自分たちが紹介する国の人の肌の色をつくり出すことにとても苦労し，あーでもない，こーでもないと色の配色に苦心する姿が見られた。子どもにとって自分の生活環境と異なる文化の存在を理解することは難しいが，異なる世界があることを知ることは国際感覚を養う最初の一歩となり，グローバル化の時代にあって広げたい保育内容である。

6 小学校との連携を図る

　教育要領の「小学校教育との接続に当たっての留意事項」に「幼稚園教育と小学校教育との円滑な接続」として，小学校の教師との意見交換や合同の研究の機会などを設けることが規定され，連携がさまざまな形で始まっている。これを領域「環境」の視点から生かすことはできないだろうか？

　ある園は，小学生といっしょにいかだづくりを行い，川で実際にいかだを浮かせ，乗せてもらうという企画を立て，継続的な交流を行った。子どもたちは，小学生がつくるいかだを真剣に見つめ，園に戻ってから自分たちも同じようにつくろうとした。また川遊びの中で，魚の住むところを小学生から教えてもらい，いっしょに捕まえることもしている。

　子どもにとって，小学校のお兄さん・お姉さんは憧れの存在である。その存在に少しでも近づきたいと，その行動をまねようとするのも自然な姿である。とくに5歳児にとって遊びのモデルとなる小学生との交流は大きな意味をもつ。

　保育者が柔軟な心で領域「環境」をとらえ直すと，まだまだ，新たな保育の可能性について見い出すことができるのではないだろうか。まず保育者自身が自分の殻を破り，保育の幅を広げ，そして多くの人の協力を得ながら，新しい保育を創造してもらいたい。

4．環境から見た幼児教育の今日的課題

　高度経済成長を果たした日本の環境は著しい変化を遂げ，身のまわりには，機械化された便利な商品が満ちあふれている。ものがあふれた豊かな生活の反面，自然がなくなり，自然を通しての命の不思議さ，尊さを体感するチャンスがなくなってきている。また人と人との関係が希薄になり，学級崩壊や不登校の急増など，人と向き合う力や，人との和をつくり出しながら"生きる力"が弱まってきている。このような現在の日本の社会の中で，領域「環境」という視点から，今日的課題を探ることにする。

1 空間環境の喪失

　明治・大正期の遊びでは，子どもの活動の場は，家庭内よりもそとが主であった。そとには遊び仲間がおり，上級生の遊びを模倣するところから遊びは始まり，自然などその地の環境に応じた遊びをつくり出していった。遊び集団には，自治があり，リーダーシップを執る子どもに導かれたり，仲間との合議制の中で遊びは変化していった。季節によって遊びを変化させるのも彼ら自身の生活の知恵か

らくるものであった。自然の中で，自然とぶつかり合いながら，その自然に応じた生きた知恵や力がつくり出されていったのである。

遊びの種類も豊富であった。鬼ごっこやかくれんぼのような集団ゲームや，相撲，竹馬などのスポーツ，いなごや山菜などの自然物採取など，野や山や川といった広い空間の中で遊びが繰り広げられた。地域の人間関係も緊密で，子どもが危ないことをしていると，自分の子どもと関係なく叱る，という安全機能もはたらいていた。

現代は，駆けめぐる野や山が失われ，川には柵が張り巡らされている。一歩そとを歩けば，車が列をなしている。また1人でそとに行かせると，なにか事件に巻き込まれる危険性があるため，子どもを自由にそとに出せなくなってきている。友だちと遊びたいと思っても，相手の都合を尋ねないと遊べないなど，数え上げればきりがないほど，子どもが活動する空間や遊びをつくり出すための人的関係が失われていっている。

その中で，目に見えない作用として，たとえば，「マンションではどんどん飛んではいけません」「そとへは1人で出かけてはいけません」など，多くの制約が子どもに課され，なぜそれがいけないのかわからないため，結局，判断の基準を自分でつくり出せず，おとなに依存した生き方をせざるを得なくなってきている。このことは，自分というものに自信がもてないという姿にもつながっていく。子どもは本来好奇心が旺盛で，なんでもやりたがる存在だが，自分に自信がもてないため，園で新しいことを導入するとき，うまくできるかどうか心配が先に立ち，拒否反応を示す子どもが増えている。

2 電子機器がもたらす精神作用

明治・大正の時代では，遊ぶものは自分たちでつくり出すということが基本であった。竹とんぼなど，見よう見まねでつくり，大きさや羽の角度を変えながら，自分に適したものをつくっていった。それを仲間と競争しながら，よく飛ぶ子どもの竹とんぼはいったいなにが自分よりいいのだろうかと，飛ばし方，羽の角度などいろいろなポイントについて考え，またさらに適したものをつくり出していった。すぐそばには，年上のお兄さん・お姉さんという遊びのモデルがあり，自然な交流があった。またつくったものが壊れれば，直すということも基本であった。自分でつくったものが壊れるのは当然であり，ものが豊富でない時代，それに対処できなければ遊びは継続できないので，当然修理をするという感覚が自然と身についていた。テレビもなく，家族の一員としての家事手伝いが忙しいことを除けば，日々の生活は単調ではあったが，その中で退屈しない手立てを子ども自身が考えていく力があった。

現代は，ボタンをひとつ押せば，離れたところでもリモコンでテレビが映り，遠いところにいる人とも，電話で話すことができる。現代の日本は，便利さと清潔さを売り物にコマーシャルが繰り広げられている。しかし機能は複雑化し，便利ではあるが，いったん壊れると自分の力では修復ができない。テレビゲームは一方向性で，定められた企画をマスターしていくしか攻略はない。そこには事物との相互作用もなく，遊びの発展性もない。

　電子機器のような完成されたものに囲まれると，果たしてどのような精神作用があるのだろうか。まず自分で工夫する余地がまったくないため，自分でつくり出したという喜び・自己充実感はない。自己充実感がないということは，等身大の自分に満足する，つまり自己肯定感も得にくい。また，苦労して自分でつくったものには愛着を感じ大事にするが，既成品は壊れたらおしまいということが多い。そして，壊れたとき，自分で直すということが日常生活の中で積み重ねられないため，もし，なにかトラブルが起こったときに自分で対処していくという"生きる力"が育まれる機会もない。

3 領域「環境」の課題

　空間環境の喪失や電子機器の精神作用のほかに，家庭の育児能力の低下も子どもに深刻な影を落としている。自分に自信がなく，新しいことに拒否感を示す情緒的に不安定な子どもたち。現代の子どもを見ていると，劣等感のヨロイで身動きできないでいるように感じる。子どもは本来，知的好奇心が旺盛で，未知のものにかかわって探索をしたいと考えている。しかし砂や泥に触ることすら，かたくなに拒否する子どもが現実にいる。わずか3年・4年の人生のいったいどこでそのようなヨロイを身につけてしまったのかと考え込まざるを得ない。だからこそ，この現況を踏まえて，保育を組み立てる必要性があると強く感じる。

　明治や大正期のような時代に戻すことはできないが，もう一度，その時代に子どもの心になにが育まれていたかを検討していくことは保育を組み立てるうえで大切な視点となるのではないだろうか。目に見える形で自然が失われていっているのは事実であるが，自然に触れ合うことだけに着目するのではなく，その背後の空間や人間関係にまで目を広げ，そこで培ってきたものを，現代の保育においてどのような形で子どもに提示していくのかを再考してほしい。

　子どもの主体的な遊びや活動を大切にする日本の幼児教育は，これからますます重要性を増してくる。主体的な活動は，自己充実感・自己肯定感を生み出していく母体となるからである。とりわけ，領域「環境」は，子どもの知的な面・道徳的な面の両方を遊びや活動という形で培う領域なので，子どもの発達に直接かかわる分野である。そのため保育者は，子ども1人ひとりの発達を見通すミクロ

な視点と，現代の子どもに共通した問題をとらえるマクロな視点をもちながら子どもとかかわり，人間性豊かで好奇心旺盛な子どもを育んでもらいたい。

【引用・参考文献】

文部科学省『幼稚園教育要領』（告示）2017

厚生労働省『保育所保育指針』（告示）2017

内閣府・文部科学省・厚生労働省『幼保連携型認定こども園教育・保育要領』（告示）2017

C.カミイ他　吉田恒子他訳『あそびの理論と実践』風媒社，1985

R.デブリース他　橋本祐子他監訳『子どもたちとつくりだす道徳的なクラス』大学教育出版，2002

『「科学する心を育てる」実践事例集』ソニー教育財団，2004

『「科学する心を育てる」実践事例集 Vol.2』ソニー教育財団，2005

『幼稚園や保育園で"遊び込む経験"が多いほうが「学びに向かう力」が高い』ベネッセホールディングス，2016

巻末資料

幼稚園教育要領からの抜粋
〈環　境〉

（文部科学省　平成 29 年 3 月 31 日改訂）

（平成 30 年 4 月 1 日施行）

> 周囲の様々な環境に好奇心や探究心をもって関わり，それらを生活に取り入れていこうとする力を養う。

1　ねらい

(1) 身近な環境に親しみ，自然と触れ合う中で様々な事象に興味や関心をもつ。

(2) 身近な環境に自分から関わり，発見を楽しんだり，考えたりし，それを生活に取り入れようとする。

(3) 身近な事象を見たり，考えたり，扱ったりする中で，物の性質や数量，文字などに対する感覚を豊かにする。

2　内容

(1) 自然に触れて生活し，その大きさ，美しさ，不思議さなどに気付く。

(2) 生活の中で，様々な物に触れ，その性質や仕組みに興味や関心をもつ。

(3) 季節により自然や人間の生活に変化のあることに気付く。

(4) 自然などの身近な事象に関心をもち，取り入れて遊ぶ。

(5) 身近な動植物に親しみをもって接し，生命の尊さに気付き，いたわったり，大切にしたりする。

(6) 日常生活の中で，我が国や地域社会における様々な文化や伝統に親しむ。

(7) 身近な物を大切にする。

(8) 身近な物や遊具に興味をもって関わり，自分なりに比べたり，関連付けたりしながら考えたり，試したりして工夫して遊ぶ。

(9) 日常生活の中で数量や図形などに関心をもつ。

(10) 日常生活の中で簡単な標識や文字などに関心をもつ。

(11) 生活に関係の深い情報や施設などに興味や関心をもつ。

(12) 幼稚園内外の行事において国旗に親しむ。

3　内容の取扱い

上記の取扱いに当たっては，次の事項に留意する必要がある。

(1) 幼児が，遊びの中で周囲の環境と関わり，次第に周囲の世界に好奇心を抱き，その意味や操作の仕方に関心をもち，物事の法則性に気付き，自分なりに考えることができるようになる過程を大切にすること。また，他の幼児の考えなどに触れて新しい考えを生み出す喜びや楽しさを味わい，自分の考えをよりよいものにしようとする気持ちが育つようにすること。

(2) 幼児期において自然のもつ意味は大きく，自然の大きさ，美しさ，不思議さなどに直接触れる体験を通して，幼児の心が安らぎ，豊かな感情，好奇心，思考力，表現力の基礎が培われることを踏まえ，幼児が自然との関わりを深めることができるよう工夫すること。

(3) 身近な事象や動植物に対する感動を伝え合い，共感し合うことなどを通して自分から関わろうとする意欲を育てるとともに，様々な関わり方を通してそれらに対する親しみや畏敬の念，生命を大切にする気持ち，公共心，探究心などが養われるようにすること。

(4) 文化や伝統に親しむ際には，正月や節句など我が国の伝統的な行事，国歌，唱歌，わらべうたや我が国の伝統的な遊びに親しんだり，異なる文化に触れる活動に親しんだりすることを通じて，社会とのつながりの意識や国際理解の意識の芽生えなどが養われるようにすること。

(5) 数量や文字などに関しては，日常生活の中で幼児自身の必要感に基づく体験を大切にし，数量や文字などに関する興味や関心，感覚が養われるようにすること。

保育所保育指針からの抜粋
〈環　境〉

（厚生労働省　平成 29 年 3 月 31 日改定）

（平成 30 年 4 月 1 日施行）

1　乳児保育に関わるねらい及び内容

（2）ねらい及び内容

ウ　身近なものと関わり感性が育つ

身近な環境に興味や好奇心をもって関わり，感じたことや考えたことを表現する力の基盤を培う。

（ア）ねらい

① 身の回りのものに親しみ，様々なものに興味や関心をもつ。

② 見る，触れる，探索するなど，身近な環境に自分から関わろうとする。

③ 身体の諸感覚による認識が豊かになり，表情や手足，体の動き等で表現する。

（イ）内容
① 身近な生活用具，玩具や絵本などが用意された中で，身の回りのものに対する興味や好奇心をもつ。
② 生活や遊びの中で様々なものに触れ，音，形，色，手触りなどに気付き，感覚の働きを豊かにする。
③ 保育士等と一緒に様々な色彩や形のものや絵本などを見る。
④ 玩具や身の回りのものを，つまむ，つかむ，たたく，引っ張るなど，手や指を使って遊ぶ。
⑤ 保育士等のあやし遊びに機嫌よく応じたり，歌やリズムに合わせて手足や体を動かして楽しんだりする。

2　1歳以上3歳未満児の保育に関わるねらい及び内容
周囲の様々な環境に好奇心や探究心をもって関わり，それらを生活に取り入れていこうとする力を養う。

（ア）ねらい
① 身近な環境に親しみ，触れ合う中で，様々なものに興味や関心をもつ。
② 様々なものに関わる中で，発見を楽しんだり，考えたりしようとする。
③ 見る，聞く，触るなどの経験を通して，感覚の働きを豊かにする。

（イ）内容
① 安全で活動しやすい環境での探索活動等を通して，見る，聞く，触れる，嗅ぐ，味わうなどの感覚の働きを豊かにする。
② 玩具，絵本，遊具などに興味をもち，それらを使った遊びを楽しむ。
③ 身の回りの物に触れる中で，形，色，大きさ，量などの物の性質や仕組みに気付く。
④ 自分の物と人の物の区別や，場所的感覚など，環境を捉える感覚が育つ。
⑤ 身近な生き物に気付き，親しみをもつ。
⑥ 近隣の生活や季節の行事などに興味や関心をもつ。

（ウ）内容の取扱い
上記の取扱いに当たっては，次の事項に留意する必要がある。
① 玩具などは，音質，形，色，大きさなど子どもの発達状態に応じて適切なものを選び，遊びを通して感覚の発達が促されるように工夫すること。
② 身近な生き物との関わりについては，子どもが命を感じ，生命の尊さに気付く経験へとつながるものであることから，そうした気付きを促すような関わりとなるようにすること。
③ 地域の生活や季節の行事などに触れる際には，社会とのつながりや地域社会の文化への気付きにつながるものとなることが望ましいこと。その際，保育所内外の行事や地域の人々との触れ合いなどを通して行うこと等も考慮すること。

3　3歳以上児の保育に関するねらい及び内容

周囲の様々な環境に好奇心や探究心をもって関わり，それらを生活に取り入れていこうとする力を養う。

（ア）ねらい
① 身近な環境に親しみ，自然と触れ合う中で様々な事象に興味や関心をもつ。
② 身近な環境に自分から関わり，発見を楽しんだり，考えたりし，それを生活に取り入れようとする。
③ 身近な事象を見たり，考えたり，扱ったりする中で，物の性質や数量，文字などに対する感覚を豊かにする。

（イ）内容
① 自然に触れて生活し，その大きさ，美しさ，不思議さなどに気付く。
② 生活の中で，様々な物に触れ，その性質や仕組みに興味や関心をもつ。
③ 季節により自然や人間の生活に変化のあることに気付く。
④ 自然などの身近な事象に関心をもち，取り入れて遊ぶ。
⑤ 身近な動植物に親しみをもって接し，生命の尊さに気付き，いたわったり，大切にしたりする。
⑥ 日常生活の中で，我が国や地域社会における様々な文化や伝統に親しむ。
⑦ 身近な物を大切にする。
⑧ 身近な物や遊具に興味をもって関わり，自分なりに比べたり，関連付けたりしながら考えたり，試したりして工夫して遊ぶ。
⑨ 日常生活の中で数量や図形などに関心をもつ。
⑩ 日常生活の中で簡単な標識や文字などに関心をもつ。
⑪ 生活に関係の深い情報や施設などに興味や関心をもつ。
⑫ 保育所内外の行事において国旗に親しむ。

（ウ）内容の取扱い
上記の取扱いに当たっては，次の事項に留意する必要がある。
① 子どもが，遊びの中で周囲の環境と関わり，次第に周囲の世界に好奇心を抱き，その意味や操作の仕方に関心をもち，物事の法則性に気付き，自分なりに考えることができるようになる過程を大切にすること。また，他の子どもの考えなどに触れて新しい考えを生み出す喜びや楽しさを味わい，自分の考えをよりよいものにしようとする気持ちが育つようにすること。
② 幼児期において自然のもつ意味は大きく，自然の大きさ，美しさ，不思議さなどに直接触れる体験を通して，子どもの心が安らぎ，豊かな感情，好奇心，思考力，表現力の基礎が培われることを踏まえ，子どもが自然との関わりを深めることができるよう工夫すること。
③ 身近な事象や動植物に対する感動を伝え合い，共感し合うことなどを通して自分から関わろうとする意欲を育てるとともに，様々な関わり方を通してそれらに対する親しみや畏敬の念，生命

を大切にする気持ち，公共心，探究心などが養われるようにすること。
④ 文化や伝統に親しむ際には，正月や節句など我が国の伝統的な行事，国歌，唱歌，わらべうたや我が国の伝統的な遊びに親しんだり，異なる文化に触れる活動に親しんだりすることを通じて，社会とのつながりの意識や国際理解の意識の芽生えなどが養われるようにすること。
⑤ 数量や文字などに関しては，日常生活の中で子ども自身の必要感に基づく体験を大切にし，数量や文字などに関する興味や関心，感覚が養われるようにすること。

幼保連携型認定こども園教育・保育要領からの抜粋
〈環　境〉

(内閣府・文部科学省・厚生労働省　平成29年3月31日改訂)

(平成30年4月1日施行)

第2章　ねらい及び内容並びに配慮事項
第1　乳児期の園児の保育に関するねらい及び内容
身近なものと関わり感性が育つ

> 身近な環境に興味や好奇心をもって関わり，感じたことや考えたことを表現する力の基盤を培う。

1　ねらい
(1) 身の回りのものに親しみ，様々なものに興味や関心をもつ。
(2) 見る，触れる，探索するなど，身近な環境に自分から関わろうとする。
(3) 身体の諸感覚による認識が豊かになり，表情や手足，体の動き等で表現する。

2　内容
(1) 身近な生活用具，玩具や絵本などが用意された中で，身の回りのものに対する興味や好奇心をもつ。
(2) 生活や遊びの中で様々なものに触れ，音，形，色，手触りなどに気付き，感覚の働きを豊かにする。
(3) 保育教諭等と一緒に様々な色彩や形のものや絵本などを見る。
(4) 玩具や身の回りのものを，つまむ，つかむ，たたく，引っ張るなど，手や指を使って遊ぶ。
(5) 保育教諭等のあやし遊びに機嫌よく応じたり，歌やリズムに合わせて手足や体を動かして楽しんだりする。

3　内容の取扱い
上記の取扱いに当たっては，次の事項に留意する必要がある。

(1) 玩具などは，音質，形，色，大きさなど園児の発達状態に応じて適切なものを選び，その時々の園児の興味や関心を踏まえるなど，遊びを通して感覚の発達が促されるものとなるように工夫すること。なお，安全な環境の下で，園児が探索意欲を満たして自由に遊べるよう，身の回りのものについては常に十分な点検を行うこと。

(2) 乳児期においては，表情，発声，体の動きなどで，感情を表現することが多いことから，これらの表現しようとする意欲を積極的に受け止めて，園児が様々な活動を楽しむことを通して表現が豊かになるようにすること。

第2 満1歳以上満3歳未満の園児の保育に関するねらい及び内容

周囲の様々な環境に好奇心や探究心をもって関わり，それらを生活に取り入れていこうとする力を養う。

1 ねらい
(1) 身近な環境に親しみ，触れ合う中で，様々なものに興味や関心をもつ。
(2) 様々なものに関わる中で，発見を楽しんだり，考えたりしようとする。
(3) 見る，聞く，触るなどの経験を通して，感覚の働きを豊かにする。

2 内容
(1) 安全で活動しやすい環境での探索活動等を通して，見る，聞く，触れる，嗅ぐ，味わうなどの感覚の働きを豊かにする。
(2) 玩具，絵本，遊具などに興味をもち，それらを使った遊びを楽しむ。
(3) 身の回りの物に触れる中で，形，色，大きさ，量などの物の性質や仕組みに気付く。
(4) 自分の物と人の物の区別や，場所的感覚など，環境を捉える感覚が育つ。
(5) 身近な生き物に気付き，親しみをもつ。
(6) 近隣の生活や季節の行事などに興味や関心をもつ。

3 内容の取扱い

上記の取扱いに当たっては，次の事項に留意する必要がある。

(1) 玩具などは，音質，形，色，大きさなど園児の発達状態に応じて適切なものを選び，遊びを通して感覚の発達が促されるように工夫すること。
(2) 身近な生き物との関わりについては，園児が命を感じ，生命の尊さに気付く経験へとつながるものであることから，そうした気付きを促すような関わりとなるようにすること。
(3) 地域の生活や季節の行事などに触れる際には，社会とのつながりや地域社会の文化への気付きにつながるものとなることが望ましいこと。その際，幼保連携型認定こども園内外の行事や地域の人々との触れ合いなどを通して行うこと等も考慮すること。

第3 満3歳以上の園児の教育及び保育に関するねらい及び内容

> 周囲の様々な環境に好奇心や探究心をもって関わり，それらを生活に取り入れていこうとする力を養う。

1 ねらい
 (1) 身近な環境に親しみ，自然と触れ合う中で様々な事象に興味や関心をもつ。
 (2) 身近な環境に自分から関わり，発見を楽しんだり，考えたりし，それを生活に取り入れようとする。
 (3) 身近な事象を見たり，考えたり，扱ったりする中で，物の性質や数量，文字などに対する感覚を豊かにする。

2 内容
 (1) 自然に触れて生活し，その大きさ，美しさ，不思議さなどに気付く。
 (2) 生活の中で，様々な物に触れ，その性質や仕組みに興味や関心をもつ。
 (3) 季節により自然や人間の生活に変化のあることに気付く。
 (4) 自然などの身近な事象に関心をもち，取り入れて遊ぶ。
 (5) 身近な動植物に親しみをもって接し，生命の尊さに気付き，いたわったり，大切にしたりする。
 (6) 日常生活の中で，我が国や地域社会における様々な文化や伝統に親しむ。
 (7) 身近な物を大切にする。
 (8) 身近な物や遊具に興味をもって関わり，自分なりに比べたり，関連付けたりしながら考えたり，試したりして工夫して遊ぶ。
 (9) 日常生活の中で数量や図形などに関心をもつ。
 (10) 日常生活の中で簡単な標識や文字などに関心をもつ。
 (11) 生活に関係の深い情報や施設などに興味や関心をもつ。
 (12) 幼保連携型認定こども園内外の行事において国旗に親しむ。

3 内容の取扱い
上記の取扱いに当たっては，次の事項に留意する必要がある。
 (1) 園児が，遊びの中で周囲の環境と関わり，次第に周囲の世界に好奇心を抱き，その意味や操作の仕方に関心をもち，物事の法則性に気付き，自分なりに考えることができるようになる過程を大切にすること。また，他の園児の考えなどに触れて新しい考えを生み出す喜びや楽しさを味わい，自分の考えをよりよいものにしようとする気持ちが育つようにすること。
 (2) 幼児期において自然のもつ意味は大きく，自然の大きさ，美しさ，不思議さなどに直接触れる体験を通して，園児の心が安らぎ，豊かな感情，好奇心，思考力，表現力の基礎が培われることを踏まえ，園児が自然との関わりを深めることができるよう工夫すること。
 (3) 身近な事象や動植物に対する感動を伝え合い，共感し合うことなどを通して自分から関わろうとする意欲を育てるとともに，様々な関わり方を通してそれらに対する親しみや畏敬の念，生命を大

切にする気持ち，公共心，探究心などが養われるようにすること。
(4) 文化や伝統に親しむ際には，正月や節句など我が国の伝統的な行事，国歌，唱歌，わらべうたや我が国の伝統的な遊びに親しんだり，異なる文化に触れる活動に親しんだりすることを通じて，社会とのつながりの意識や国際理解の意識の芽生えなどが養われるようにすること。
(5) 数量や文字などに関しては，日常生活の中で園児自身の必要感に基づく体験を大切にし，数量や文字などに関する興味や関心，感覚が養われるようにすること。

索引 Index

ECERS-3　126
OHC　125
OHP　80, 125

―― あ 行 ――

愛着関係　90
愛着心　62, 66
アイデンティティ　140
アジトスペース　34
アスレチック　71
遊び　31
遊びの援助者　42
遊びの中の保育者の役割　91
遊びのモデル　156, 157
遊びを中心とした保育　31, 34, 35
アナーキースペース　34
アフォーダンス　36
アレルギー　108
安全教育　130
安全指導　131
安全指導教室　131
生きる力　156, 158
一時預かり　108
一斉保育　34
5つの役割　41
遺伝　1
移動遊具　105, 109, 130
異年齢児とのかかわり　75
「意欲」　12
色水遊び　107, 111, 153
色水づくり　110

ウォータースライダー遊び　119
運動会　82, 112
エクソシステム　30
絵本　133
絵本コーナー　73, 125
園外保育　75
園具・教具の意義　117
園具・教具の分類　118
園具や教具　109, 117
園具や教具と保育の質　126
園生活　40, 126, 137
延長保育　108
園内環境の構成と課題　77
園内の環境　154
園内の植物や昆虫　120
園の環境　6, 67
お姫様ごっこ　109
オープンスペース　34
お店屋さんごっこ　139
「音楽リズム」　11

―― か 行 ――

「絵画製作」　11
外部評価　126
カウンセリング　83
科学性の芽生え（知的発達）　146, 152
可塑性　105
学校教育　4, 11
学校教育法　27
貨幣　139

可変性　35
カリキュラム　153
環境　1, 25, 27, 29, 30, 31, 33, 35, 36, 52, 67, 69, 77, 89, 105, 133, 145, 156
環境教育　1
環境づくり　74
環境との相互作用　12
環境による教育　1, 13
環境による教育の意義　5
環境の応答性　35, 105
環境の理解　5
環境を通して行う教育　1, 5, 12
環境を通して行う保育　27, 29, 35, 36
関心・感覚　145
感性と表現　12
間接教育　36
カンファレンス　154
季節感　55
季節や自然　107
期待される子どもの心の育ち　98
ギブソン, J.　36
基本的信頼関係　89
教育課程　14
教育標準時間（1号）認定　23
教育目標　13
教科　11
教具　105, 109
教師　2
教職員同士の連携　101
協同　149

協同性　145
緊急時対応マニュアル　131
空間環境の喪失　156
倉橋惣三　36
劇遊び　109
ゲーム　34
「言語」　11
「健康」　11, 63
健康な心と体　145
健康な心身の発達　12
現代の子どもの現状　1
好奇心　133
合計特殊出生率　2
攻撃的行動　96
交通安全　131
後天的条件（環境）　1
交流の機会　101
国際化　2
国際感覚　155
5歳児　75, 80, 98
5歳児の保育環境の構成　80
孤食　3
個人用ロッカー　126
ごっこ遊び　124
固定遊具　71, 105, 109, 130
個と集団の育ち合い　39
事（コト）的環境　37
「言葉」　11, 12, 133
言葉による伝え合い　145
子ども・子育て関連3法　21
子ども・子育て支援新制度　21
子ども・子育て支援法　21
子ども産業　3
子ども同士のトラブル　96
子ども同士のやりとり　95
子どもの遊び　31, 68, 70, 146, 154
子どもの主体的な関与　94
子どもを取り巻く環境の変化を踏まえた今後の幼児教育の在り方について（答申）　101
子ども理解　91
コーナー遊び　71

個の発達　37
コミュニケーションあそび　34
5領域　4, 133
5領域の相互関係　12
昆虫探し　120

── さ　行 ──

災害への備え　130
栽培活動　63, 107
3歳児　75, 98, 116
3歳児の保育環境の構成　77
飼育活動　107
飼育・栽培の意義・目的　61
思考力の芽生え　145
「資質・能力」　12
「自然」　11
自然環境　6, 29, 45, 54
自然現象　54
自然スペース　34
自然素材　107, 109
自然との関わり・生命尊重　50, 145
自然を生かす　10
指導計画　13, 60, 106
「社会」　11
社会環境　29
社会生活との関わり　50, 145
就園率　3
集団生活　38, 90, 95, 99, 126, 138
集団の発達　37
生涯発達　89
小学校との連携　4, 156
省察（リフレクション）　101
少子化　2
少子・高齢化　2
小・中学生とのかかわり　75
情緒的絆　90
情報化　2
情報環境　29
情報機器　124
食育　63
食育基本法　63
食育の推進　63

食物アレルギー等への対応　63
自立心　145
「心情」　12
身体動作あそび　34
人的環境　6, 37, 89, 110
人的な環境　50
新・保育環境評価スケール（ECERS-3）　126
数量概念　137
数量や図形, 標識や文字などへの関心・感覚　145
砂遊び　121
砂場　121
製作コーナー　72
狭い意味での先生　41
センス・オブ・ワンダー　47
先天的条件（遺伝）　1
素材や材料　109

── た　行 ──

第三者評価（外部評価）　126
「態度」　12
達成感　95
脱中心　151
多文化理解　155
探索活動　90
地域とのかかわり　76
地域との連携　154
地域の環境　154
知的発達　146, 152
地方裁量型認定こども園　20
中央教育審議会　101
積み木・ブロックコーナー　73
テラス交流　75, 82
テラスや廊下, ホールの環境構成　82
デン　108
電子機器がもたらす精神作用　157
伝統文化　140
動植物　55, 107
道徳性　42, 145
道徳性・規範意識の芽生え　145
「動」と「静」の活動　70

都市化 2

―― な 行 ――

内言 12
「内容」 12, 56, 133
「内容の取扱い」 12
仲間関係 39, 116, 149
縄とび・フープ遊び 119
二十四節気 55
日常生活で触れる文字 134
乳児 90
乳児期 133
乳幼児期 89
乳幼児の発達的特徴 89
「人間関係」 11, 12
認定こども園 20
認定こども園の認定の基準 21
認定こども園法 20
認定こども園法の一部改正 21
ぬいぐるみ・人形コーナー 73
「ねらい」 12, 133
年齢区分 133

―― は 行 ――

場あそび 34
発達段階 4
発達を見る視点 26
パネルシアター 124
場や空間 108
犯罪防止 131
ビオトープ 54, 153
人見知り 90
避難訓練 131
ヒヤリハット 130
描画 49, 122
「表現」 11, 12
表象機能 90
ヒーローごっこ 109
物質文化環境 29
物的環境 6, 37, 105
物的環境に込められたデザイン 106

物的環境の意義 105
フープ遊び 119
不変性 35
ブランコ 118, 130
ブロックコーナー 73
ブロンフェンブレンナー 30, 35
文化環境 29
文化財 137
壁面・展示 125
ペープサート 109, 124
保育環境 53, 77, 79, 80
保育環境としての自然環境 53
保育環境を評価する尺度 126
保育教諭 20
保育計画 14, 94
保育現場 2, 37, 99
保育現場の環境 91
保育（3号）認定 23
保育実践 94
保育者 4, 6, 10, 13, 26, 27, 28, 31, 34, 40, 41, 43, 45, 50, 68, 70, 74, 80, 90, 91, 97, 101, 102, 105, 120, 124, 131, 136, 138, 140, 146, 147, 149, 151, 152, 153, 154, 156, 158
保育者とのかかわり 74
保育者の援助 136, 138
保育者の直接的・間接的かかわり 91
保育者の役割 10, 37, 89, 101
保育所型認定こども園 20
保育所保育指針 2, 25, 53, 90, 103, 133
保育と環境 25
保育内容 11, 133
保育（2号）認定 23
保育の質の向上 4
保育の場 101
保育目標 60
保育要領 11
ホイジンガ 32
冒険遊び 109
保健室の環境構成 83
保健指導 83

保護者支援 4
ホモ・ルーデンス 32

―― ま 行 ――

マイクロシステム 30, 35
マクロシステム 30, 35
ままごと・ごっこ遊び 124
ままごとコーナー 72, 77
ままごと用具 122
満1歳以上満3歳未満 133
満3歳以上 133
見立て遊び 77
道スペース 34
メゾシステム 30, 35
メタ的言葉 47
目的意識 34
文字環境 133, 135, 137
文字習得 134, 136
文字への関心 133
物あそび 34

―― や 行 ――

役割モデル 95
遊具・教具等の安全指導と点検 130
遊具スペース 34
豊かな感性と表現 145
養育者 99
養護 4, 27, 105
養護教諭 83
幼児期の終わりまでに育ってほしい姿 12, 145
幼児教育 11, 101, 145
幼児教育の積極化 4
幼児の活動の理解者 41
幼児の共同作業者 41
幼児のモデル 42
幼児のよりどころ 43
ヨウシュヤマゴボウ 110
幼稚園型認定こども園 20
幼稚園教育 1, 4
幼稚園教育の課題 1

幼稚園教育要領　1, 3, 11, 14, 25, 53, 105, 133, 145
幼稚園教育要領中央説明会資料　28, 67
幼稚園施設整備指針　117
幼稚園設置基準　117
『幼稚園における園具・教具の整備の在り方について』　117
幼保連携型認定こども園　20
幼保連携型認定こども園教育・保育要領　2, 25, 53, 105, 133, 145
幼老共生　61
読み書き　134
4歳児　75, 79
4歳児の保育環境の構成　79

―― ら 行 ――

リフレクション　101
領域　11
領域「環境」　1, 25, 53, 56, 62, 133, 145, 146, 152, 156, 158
リレー遊び　112
ルール　40, 95, 98, 113, 119, 130, 138
レイチェル・カーソン　47
6領域　11, 26

保育・教育ネオシリーズ [18]

保育内容・環境

2006年4月1日　　第一版第1刷発行
2009年4月15日　　第二版第1刷発行
2016年3月31日　　第二版第6刷発行
2018年2月28日　　第三版第1刷発行
2022年3月31日　　第三版第2刷発行

編著者　横山文樹
著　者　師岡　章・寺田清美
　　　　瀧川光治・原子はるみ
　　　　野口隆子・堀越紀香
　　　　守隨　香・坪川紅美
制作協力　株式会社 新後閑
発行者　宇野文博
発行所　株式会社 同文書院
　　　　〒112-0002
　　　　東京都文京区小石川 5-24-3
　　　　TEL (03)3812-7777
　　　　FAX (03)3812-7792
　　　　振替　00100-4-1316
印刷・製本　中央精版印刷株式会社

Ⓒ Fumiki Yokoyama et al., 2006
Printed in Japan　ISBN978-4-8103-1470-0
●落丁・乱丁本はお取り替えいたします